写着，写着，就好了

重建内心的60堂心理写作课

庄慧秋◎著

台海出版社

图书在版编目（CIP）数据

写着，写着，就好了：重建内心的 60 堂心理写作课 /
庄慧秋著. -- 北京：台海出版社，2021.3
ISBN 978-7-5168-2874-8

Ⅰ.①写… Ⅱ.①庄… Ⅲ.①写作学 Ⅳ.① H05

中国版本图书馆 CIP 数据核字（2021）第 014445 号

著作权合同登记号 图字 01-2020-7462
作品原名：《写出你的内心戏：60 个有趣的心灵写作练习》
作者：庄慧秋
合作项目：锐拓传媒 copyright@rightol.com
本书中文繁体字版本由心灵工坊文化事业股份有限公司在台湾出版，今授权北
京乐律文化有限公司在中国大陆地区出版其中文简体字平装本版本。该出版权
受法律保护，未经书面同意，任何机构与个人不得以任何形式进行复制、转载。

写着，写着，就好了：重建内心的 60 堂心理写作课

著　　者：庄慧秋

出 版 人：蔡　旭　　　　　　　　　封面设计：异一设计
责任编辑：赵旭雯

出版发行　台海出版社
地　　址：北京市东城区景山东街 20 号　邮政编码：100009
电　　话：010 — 64041652（发行、邮购）
传　　真：010 — 84045799（总编室）
网　　址：www.taimeng.org.cn/thcbs/default.htm
E – mail：thcbs@126.com

经　　销：全国各地新华书店
印　　刷：三河市嘉科万达彩色印刷有限公司
本书如有破损、缺页、装订错误，请与本社联系调换

开　　本：880 毫米 ×1230 毫米　　　1/32
字　　数：165 千字　　　　　　　　印　　张：9.5
版　　次：2021 年 3 月第 1 版　　　印　　次：2021 年 5 月第 1 次印刷
书　　号：ISBN 978-7-5168-2874-8

定　　价：49.80 元

拿到书稿，翻开几页，慧秋的字，好轻好轻，
仿佛决心不要在我手里留下重量。
但当我拿起笔，选几个起始句开始写：
"我喜欢……我喜欢脱掉衣服，跳进春天的水
里。"
"自从……自从内心破掉以后，更开心了。
"我看见……我看见自己是一只鸟，有疤，不怕。"
自己的字，从手里流出去如一条河，
牵动记忆的林、冲刷想象的岸。
于是我领悟到，这本魔法字帖，
不是用来读，是用来写的。

——陈文玲／台湾政治大学广告系教授兼 X 书院总
导师

慧秋是我遇过最温柔的人。
心灵写作的功课与教学，
反映出参与者的内心世界，
让人时而微笑，时而落泪，
慧秋是个体贴的老师，
总是尽力照顾课堂上的每一个环节。

在《写出你的内心戏》一书中，
慧秋的温柔化为文字，照拂更多人。
能够上她的课、阅读她写作的书，是幸福的。

——瞿欣怡／作家、小猫流文化总编辑

目录

第四章　凝视当下：平凡生活里的情味　　173

一本小书，以及自编自导自演的一串内心戏

自从动手写这本书的那一刻起，我的各种内心戏就开始轮番上演。

第一幕

我轻松舒适地坐在干净整齐的书桌前，以优雅的姿态打开笔记本，就像对待一块可口甜美的小蛋糕。我宛若置身地中海风格的白墙蓝瓦的度假小屋，窗外是碧海蓝天的无敌美景，世界如此美好。我嘴角含笑，拿起闪闪发亮的仙女棒轻快挥舞，想象一篇篇行云流水的精彩好文如喷泉般激涌而出，舞台上一群快乐的天使翩翩起舞。

第二幕

一方苍白无聊的斗室，书桌一片凌乱，睡眠不足的作者两眼无神，电脑屏幕上好不容易诞生的几行文字又立刻被自己无情地删除。可口小蛋糕变成一大块焦黑刚

硬的铁板，不但难以下咽，还撞得门牙发疼。作者愤怒地脱下优雅的外衣，揉成一团丢在地上，烧焦的仙女棒早已被踩得稀烂粉碎。

这时候突然响起一阵不耐烦的嘈杂声，从作者的背后跳出两只喧腾讨厌的小鬼，彼此争执不休。自责鬼大声批评作者很没效率，区区一本小书都写不出来，难道要拖延到地老天荒；任性鬼则到处点火摔盘子发脾气，要赖躺在地板上，打定主意再也不要写任何一个字。

第三幕

我决定要搬家。整整一个多月，我变成一只忙碌的土拨鼠，双手不曾停歇地翻动满屋子的书籍杂物，整理、丢弃、回收、打包、封箱、油漆、水电、清洁、采买、搬运、拆箱、归位、上架……同时趁机挖个秘密洞穴，把支离破碎的书稿一股脑全埋入地底下，潇洒转身，暂时不想见到它。

第四幕

瞬间的闪电划破平静的夜空，闷雷轰隆作响，逃避的事物终究会以更强大的气势伺机反扑。出版社的催稿电话如夺命连环令人惊心动魄，带着杀气的编辑披着张牙舞爪的黑色斗篷步步逼近，在墙上投射出可怕的魅影。无路可逃的作者只好把自己关进牢笼，门窗紧闭甘心自囚，还以锁链把身体捆缚在书桌前面以表心志，发誓书稿未成决不出关。

偏偏这时候年节将至，圣诞和新年的欢欣气息宛若女妖诱惑的歌声，不断从窗隙和门缝悄悄渗入；亲朋好友的聚餐邀约就像哈利·波特剧中的魔法信，源源不绝从四面八方飞腾涌来，让人心痒难耐。作者痛苦咬牙捂住耳朵，拼命摇头拒绝，像个戒毒者一样躺在地上哀号打滚，宁可沉入自怜自艾的无边泥沼，也要拔除脚上不由自主的红色舞鞋，以免意志不坚的自己挣脱锁链，越墙而出。

第五幕

一场横眉冷眼与自己强硬对抗的消耗型内战，终于慢慢进入尾声。厚重的盔甲缓缓卸下，疲惫的战士深深呼吸一口春天的气息，露出久违的笑容。

环目四顾，硝烟已经平息，悦耳的凯旋乐音从心底升起。战士轻松伸展四肢，正要站上志得意满的舞台，朗声宣布战争胜利。突然间，一只獐头鼠目的怀疑鬼以飘忽的身形无声无息欺近战士身边，带着诡谲的笑容，挑起眉毛尖声尖气地追问："你确定战争已经结束了吗？别傻了，这只是中场休息而已。真正严酷的战场藏在销售数字里，那是一片冷峻萧条了无生机的冰雪极地。你有把握可以存活吗？不要高兴得太早。嘿嘿嘿。"

怀疑鬼一面说着，一面出其不意朝着战士的心上射出一支锐利的冷箭。战士一愣，闪躲不及，冰冷的箭头已然逼近胸前。

这一次，战士可以打败絮絮叨叨专放冷箭的怀疑鬼吗？即使获胜了，战士所拥有的战斗指数和武器设备，是否足以让他踏上极地，跟冰雪巨人对抗呢？

未完，待续。

"写一本小书就可以自编自导出一串高潮迭起、自贬自嗨的内心戏，还保留一丝悬念咧！真是了不起。啧啧啧。"尖嘴猴腮的嫌弃鬼提着一大桶酸言酸语出场。看样子，第六幕很快就要开始……

以上，是为序。

写作，是为了认识自己

每个人的心里，都有一座忙碌喧哗的剧场

我从小就很爱看戏。锣鼓喧天，灯火辉煌，演员们上场亮相，扮演各种悲欢离合、喜怒哀乐的缤纷角色，看得我专注凝神，一会儿哭一会儿笑，一会儿手舞足蹈一会儿怒火中烧，台下的观众比台上的演员还要入戏。直到落幕，才带着心满意足的微笑回到现实世界，依依不舍离开戏台回家去。

年龄渐长之后，踏上自我探索的旅程，蓦然发现自己的内心也藏着一座忙碌喧嚣的剧场，无时无刻不在上演着自编、自导、自演的内心戏。

有时候我穿上洁白的翅膀，轻盈飞上云端，觉得自己聪明优秀，人见人爱；有时候我跌落谷底滚了一身烂泥，整天自怨自艾，自怜自弃，觉得全世界都不喜欢我，没有人了解我的孤独和痛苦。

有时候我的心里充满了爱，伸出手臂拥抱全世界；有时候我的心却变得冰冷暗黑，抬脚乱踢把每个靠近身边的人全都踹开。前一刻我是慷慨的富翁，热心助人，温暖大方；下一刻我又变成贫穷的乞丐，锱铢必较，惶恐不安。

有时候我能量饱满，像一个侠士利剑出鞘，明快果决，勇敢迎接各种挑战；有时候我优柔寡断，像一只傻乎乎的猫咪被毛线球紧紧困住，哪里也去不了。有时候我是喜剧天王，轻松搞笑，不想太认真；有时候我又扮演悲剧英雄，硬要把别人的苦难和责任全扛到自己肩上。人就是这么麻烦，不断在心里编织各种剧情，然后忙着粉墨登场，在不同的戏棚和舞台之间跑来跑去。有时候也想问问自己，这样不累吗？

内心戏如果只是在自己心里扮演，那也罢了。问题是，我们的生活无时无刻都与别人密切相关，只要缺乏自制与觉察，就难免把内心的戏码往外四处投射，硬生生把别人拉进自己编写的剧情当中，那可就麻烦了。而这正是我们经常在做的事儿。

常见的世间情就是这样交叉上演：有人喜欢演小孩，到处在寻找爸爸和妈妈；有人习惯扮演高高在上的权威，对人颐指气使；有人把自己当作无助的羔羊，忙着追随救世主；有人穿着上帝使者的外衣，把别人看成混世魔王，不断攻击辱骂。大家的内心戏越演越当真，这个世界也变得混乱纠缠，永远拎不清。

说到底，我们每个人都要为自己的内心戏负起责任。在自编自导自演的当下，还是要保持自我的觉察：你经常演出哪些内心戏？这些剧情的灵感都是怎么来的？要如何保持清醒，不被波澜起伏的情绪牵着鼻子走？要如何改写剧情，收起莫须有的刀光剑影，以免自伤伤人？这些都是生命迈向成熟必须面对的功课。

做功课的方法有很多，而我很推崇一个简单的工具，就是心灵写作。

通过书写，让手中的笔陪伴你穿梭内心的剧场，管它是写实剧、幻想剧、怀旧剧、幽默剧或苦情剧，全部写下来。快乐的时候写，伤心的时候也写，得意或失意、愤怒或茫然、振奋或沮丧，每一个时刻都可以坐下来写作。

通过书写，我们努力为幽暗的内心剧场打开一扇觉察的窗口，让阳光照射进来，帮助我们看见自己身上的盔甲和面具，听见耳边喋喋不休的录音，触摸到掩埋在心灵角落的伤痕与疼痛，如此一来，我们才有可能跳脱剧中人的角色，以免入戏太深。

心灵写作让你凝视自己，踏上往内的旅程

现在市面上关于写作的书籍多半都是在教导写作的理论、技巧和方法。但心灵写作的取向完全不一样。

心灵写作不讨论写作技巧，不在乎起承转合与格律结构，不强调辞藻的华丽或优美，因为它的目标不是为了公开发表，不是为了换取别人的肯定与掌声，不是为了赢得文坛桂冠或登上名利双收的殿堂。它是一趟往内的旅程，唯一目标是跟自己对话，倾听内心的声音，探索自己、释放情绪，回顾并整理自己的人生。

当你开始为自己而写作，不再忙着张望外面的世界，把注意力凝聚于自身，手中的笔也会变得越来越自由。

你可以放下竞争比较的焦虑，卸除完美主义的面具，不必瞻前顾后、小心翼翼，不必在意文笔好不好，不必担心别人的

眼光和评语。把那些枷锁和包袱都踢到一边去吧！放松心情，自由而随意，想到什么就写什么，胡言乱语也没关系。满纸荒唐言，一把糊涂泪，又怎样呢？写出自己的真性情，写得尽情尽兴、酣畅淋漓，那才叫爽快！

心灵写作是一种很个人的、任性的、坦率的行动。在写作的时刻，你想起哪些回忆？有哪些感受？不必修饰，不必回避，直接表达出来。此时此刻没有别人，只有你自己。在书写的时候你可以充分相信自己，跟内在心灵越来越亲近。

心灵写作不需要依赖灵感，随时随地都可以书写。文思泉涌或脑袋空空或烦躁不耐，都没关系；心情起起伏伏，不论你是神采飞扬、黯然神伤、愤愤不平、超级厌世、满腔热血，或者脆弱不堪，也都没关系。任何时刻都是很好的写作时刻，任何心情都很值得书写。提起笔来，把此时此刻的心灵记录下来，就对了。

心灵写作更是一种训练，让你敏锐觉察内心的意念和情感。通过写作，回看生命的每一个历程，了解心灵的丰富与多变，学习以温柔宽阔的心胸接纳各种面相的自己。

如果你对心灵写作的概念和意义感到好奇，美国作家娜塔莉·戈德堡（Natalie Goldberg）所著的《心灵写作：创造你的异想世界》和《狂野写作：进入书写的心灵荒原》二书是必读的经典。书中提到的"自由书写"和"十分钟限时书写"更是绝世秘籍，可以破除你在写作上的心魔和迷雾，让你大胆提笔，唤醒你的写作欲望和本能。

六十个起始句，陪你走进心灵书写的世界

如果你很想要动笔，玩一玩心灵书写，却不知道要写什么？要如何开始？那么，《写着，写着，就好了：重建内心的60堂心理写作课》绝对是一本最简单实用的入门书。

凡事起头难，写作也一样。所以我在书中提出六十个起始句，就像为你铺上六十块踏板，陪着你一步一步走进心灵写作的世界。起始句就是文章的第一个句子。书中的六十个起始句都很通俗且生活化，譬如"我喜欢""我记得""我看见""此时此刻我觉得"……没有任何难度，不分男女老幼全都适用。当你有了第一个句子，心念开始转动，很自然地第二个句子、第三个句子、第四个句子……就会从心里冒出来。这时候你只要拿起笔来，想到什么就写什么，让笔在纸上奔跑，快速写下脑海中的所有思绪就行了。这就是自由书写。

这本书的使用方法很简单，只有几个要点：

1. 准备一支笔和空白笔记本（若你想用电脑写作也行），然后翻开本书目录，挑选一个起始句写在笔记本上，开始自由书写。

2. 如果你是初学者，建议你设定闹钟，每次只写十分钟，时间到就停笔。这就是"十分钟限时书写"。

这样做有两个好处。第一，只有十分钟的短跑，可以全力冲刺，加快书写的速度。第二，时间很短，不会太累，容易保持高昂的写作兴趣。不过，如果你在某次书写的时候写得欲罢不能，十分钟到了仍不舍得停笔，那是很棒的写作状态，这时

就别管闹钟了，尽情燃烧写作的欲望，写到你想停下为止。

3. 如果你看着起始句，还是觉得下笔有困难，那你可以翻开书页，每一个起始句我都有简单的说明和引导，并且举出一些朋友书写的例子，用来刺激你的灵感和思考。你可以看看这些范例，一旦有想法浮现就立刻合上书本，开始书写。

4. 书中的每一个起始句都保留了一页空白笔记页，鼓励你立刻动笔书写，起始句已经为你准备好了，短短一页，十分钟之内一定可以写满。每个人都是独一无二的，你的生命和情感没有人能够代替你表达，只有你可以为自己书写。阅读别人的范例之后，最重要的是回头凝视自己，开始书写属于自己的故事。

5. 如果你是老师、读书会带领人或写作团体的成员，可以选择有兴趣的起始句笔记页放大影印，发放给学生或学员，然后大家一起进行十分钟书写。

书写完毕之后可以进行分享，请每个人把文章念出来。大多数人听到要分享文章就会紧张，所以刚开始最好以小组的方式，两三个人之间进行分享，心情会轻松很多。如果大家愿意，再慢慢进行到大团体的文章分享。

在我带领的心灵写作课堂上，每次分享文章都是最精彩的时段，大家使用相同的起始句却写出完全不同的心情和故事，短短十分钟的书写，一篇篇鲜活的文章就诞生在眼前，让我们看到每个人所拥有的独特生命经验与内在心灵。这是很感动的时刻呢！

每一个起始句都可以一再书写

本书中的起始句看起来很简单平凡，这正是心灵写作的迷人之处。从日常生活写起，一件熟悉的物品、一个眼前的画面、一个飘进耳际的声音、一首歌、一通电话、一张昔日的老照片、一封烫金的喜帖、一个遥远的回忆、一种细微的心情、一个片刻的感触、一次美好的聚会、一道难忘的菜、一句很想说却从未说出口的话……这些平凡的小事构成了我们每天的生活，牵引出点点滴滴的心情感受。

就从这些小小的事物和感触写起，凝视生命里每个当下的片刻，才是最贴近心灵写作的真义。由于每一个片刻都不一样，所以书中的起始句可以一再重复书写，每次都会写出不一样的东西。

以书中的第一个起始句"我喜欢"为例，你可以每天书写它，让它记录你的各种欢喜心情。譬如：

第一天，你参加了一个热闹的聚会，于是你写了：

我喜欢跟好友们快乐相聚，仿佛又回到无忧无虑的青春时代……

第二天，孩子兴高采烈地告诉你学校发生的趣事，于是你写下：

我喜欢孩子纯真的笑容，眼睛闪闪发亮，好可爱……

第三天，你看到一则旅游广告，心思飞驰，陶醉地写着：

我喜欢泡温泉，尤其是户外的露天温泉，肌肤沉浸在温暖的水池中，每个细胞都舒张开来，看着青翠山峦，好放松⋯⋯

第四天，你从电影院回来，立刻振笔疾书：

我喜欢看电影，走进黑暗的戏院里，把自己放空，跟着大银幕上的剧情进入另一个世界，体验另一种人生，穿越时空、拯救世界、遇见生死不移的爱情、修练飞天遁地的武功⋯⋯短短两个小时，我脱离平凡，经历了荡气回肠或惊涛骇浪的奇幻旅程，好满足啊！

第五天，你有点慵懒，窝在客厅舒适的躺椅上看小说，然后拿起笔记来书写：

我喜欢一个人，安静享受属于自己的小宇宙。冲一杯香醇的咖啡或泡一壶清香的花草茶，以喜欢的音乐为伴，看书、写作、玩电脑、发发呆，美好的独处时光。

接下来的日子，你可能还会写出喜欢下雨天、喜欢明亮的阳光、喜欢散步、喜欢山、喜欢海、喜欢星空、喜欢做梦、喜欢乡下老家的龙眼树、喜欢玩桌游、喜欢外婆做的萝卜糕和粽子、喜欢做 SPA……只要一个简单的起始句，就可以记下每日生活里闪着细微光亮的快乐时刻。

不同的起始句当然有不同的效果。你可以挑选你最有感觉，或者对此刻的你最有意义的起始句，每天书写十分钟，让片刻的心情化为文字，一篇一篇不停地书写，长期累积下来就是一本厚厚的心灵记事，记载着内心世界的种种轨迹。

通过自由书写，看见自己的心灵

自由书写的时候不要多想，不要分析不要思考，相信自己的心，让它带着手中的笔一直往前写去，它就会为你指路，让你更清楚看见自己的心灵。

书中我最喜欢的起始句之一是"如果我是一只动物，那我就是……"。我经常以这个句子让初学者做第一次的书写练习，而我也会跟着一起写，所以我已经重复书写它整整十年。也因为这样的时间幅度，让我清楚看见自己内心的变化。

记得在十年前我第一次书写这个起始句的时候，我写自己是一只漂亮的绿绣眼，身体小小的，每天只要吃几颗果子就饱了，所以不需要辛苦工作赚钱，也不需要累积任何财富，大树就是我的家，有阳光、空气、清风、雨水已经足够。我是如此柔弱微小，没有能力伤害这个世界，只会以身上美丽的色彩和轻盈的歌唱，为世界带来美好。

有很长一段时间，我都以小鸟自居，胸无大志，每天只想开开心心晃来晃去。

然而有一次，我突然把自己写成一只懒惰的老鹰。我有宽大的翅膀可以振翅高飞，乘风翱翔在山巅之上；我有锐利的双眼可以望向远方，俯瞰辽阔的山河大地；我有强壮的利爪可以在俯冲地面的瞬间，精准抓取灵活的猎物。但是我很懒惰，懒洋洋站在树梢上发呆，无视风的召唤，宁可有一餐没一餐地挨饿，也不愿展翅高飞寻找猎物，平白浪费了天赋的能量与才华。

在这段时间，我也写过我是一只沉睡的狮子，具有丛林之王的身姿，却不想站上领导的角色，懒得带领别人也不愿被带领，整天只想躺在大石头上打哈欠晒太阳，假装自己是一只家猫。

从一只小鸟变成老鹰和狮子，表示我的内在经历着重大的变化，感受到自己蕴积了丰沛的力量，却退缩在昔日的惯性里，没有足够胆量将新的自我展现出来。那时的我已届中年，一步步迈向成熟却又抗拒改变，在熟悉的自己和陌生的自己之间来回摆荡，新的自我带来了新的力量与欲望，我却踟蹰不前。

后来，我写了自己是一只害羞的孔雀，拥有一身美丽非凡、光彩夺目的羽毛，却紧紧把翅膀和羽翼收拢起来，不让别人看见，把自己活得像一只平凡的鸡。

这次书写让我看见自己又往前踏了一步。孔雀比老鹰和狮子柔软，比较没有侵略性，表示我正在驯化内在新生的力量，把它转化为柔和的美丽。但我仍不够自在，不好意思在别人面前展示自己的美好。

然后有一天，我写自己是一条正在蜕皮的蛇，在粗粝的大地上扭曲挣扎，痛苦地用力甩动身躯，要把紧紧黏在身上的一层旧皮褪去，让新的外皮成长。我的身躯已经长大，昔日的旧皮变成了紧身的束缚，痛苦的蜕皮过程是必要的，日后才有更强大的自己。

这次书写对我也是一大突破。在所有的动物中，我最怕的就是蛇，我向来很喜欢看动物星球频道，但只要是蛇的主题和画面我立刻转台，不敢看。而我居然写自己是一条的蛇，带着鲜丽的花纹不断扭动，扬起漫天尘土，表示我已经有勇气面对以往逃避的可怕事物，并承认它就是自我的一部分。我欣赏并理解这样的力量，愿意等待它走过痛苦的转变历程，在我的内心变身与重生。

到了最近这一两年，我常常写自己是一只乌龟，贴近地面，缓慢前行。因为贴近地面，我可以清楚感觉事物的质地：粗粝的碎石、微细的沙土、潮湿的泥水、柔软的青草；因为缓慢，我可以看到小虫的跳跃，闻到小花的芳香，仔细欣赏蕴含在微小事物中的美丽与惊奇。当我累了，就缩进坚硬幽暗的外壳里，这是我的小宇宙，才不管外界几番风雨；当我无聊或心情大好，就再次伸出头来，以顽皮的眼睛看看这个忙碌不已的有趣世界。

当自己变成乌龟，表示心境慢慢老了，哈哈哈。我也不再烦恼如何脱去沉重的外壳，人生在世，谁没有包袱呢？反过来欣赏这个又厚又重的坚硬家伙，它既然是自己的一部分，就心甘情愿驮着它一起经历人生吧。我还蛮喜欢乌龟这个意象，期许自己真能像乌龟长命百岁，老成缓慢却又单纯顽皮，慢慢迎接我的老年人生。

我就是这样不断地跟自己的书写对话，通过它看见自己的心，一点一滴更了解自己。

朗诵和分享，可以增进自我觉察

有很多朋友会问：十分钟限时书写完毕，然后呢？我的建议是：写完之后，把文章朗诵出来，跟其他人分享。很多人一听到要分享文章就害怕，开始担心和退缩。这是很正常的反应，我们本能地想要保护自己，不敢随便把自己的内心坦露出来，以免受伤。但是分享文章的感觉真的很棒，所以我很鼓励大家一定要这样做。

在心灵写作的课堂上，分享文章的时候我会以小组的方式进行，两人或三人一组，在集体的能量场中，大家同时做一样的事，会让每个人比较放松。刚开始或许有点害羞，但不到五分钟，整个空间就会洋溢着热烈的气氛，笑声此起彼落，也有人默默流泪。我们都在一起学习，把内心世界的情感之门打开，让别人看见，同时也学习倾听别人的内心之声，让彼此的心灵共振共鸣。一旦敞开了喉轮和心轮之后，人和人之间的交流能量真的非常动人。

通过分享文章，我们看见每个人不同的生命经验和追寻，扩展了生命视野，看见人生有各种选择和可能性。许多学员在课堂上结交到志趣相投的好友，带动了生命的转变，有人勇敢跳槽、有人反思教养子女的方式、有人相约一起到冰岛看极光、有人决定要好好跟父母和解。当我们愿意敞开自己，跟别人真诚交流，意想不到的友谊和美好事物也可能随之而来。

如果你没有机会参与团体课程，建议你可以邀请一两位性情相近的文友，一起书写，一起分享。分享的时候请保持尊重的原则，不要随意以自己的价值观评断别人，也不要好为人师，一直想要教导别人或给予强势的建议。我们都要学习开放的态度，彼此真诚倾听，以专注柔软的心去体会和理解别人的世界。

每个人的生命都值得尊重，每个人也都只能为自己负责。如果不适合相处，话不投机半句多，宁可远离，也不要随意干涉别人。我们在课堂上会注意学员们互动的质量。如果是自己组成的文友会，就要靠自己把关，从写作和分享中得到正向能量，而不是负面的干扰。彼此尊重、保持界线，是人与人之间很重要的一项学习。如果你还没准备好跟人分享文章，那至少朗诵给自己听吧。当你书写的时候，你是沉浸在自己的世界里；而当你朗诵文章时，会比较抽离而有余裕地来观看自己，对于自己的书写也会有许多感觉和联想冒出来。娜塔莉说，朗诵文章可以让你的情绪从这些文字中释放。你不妨试试看。

最重要的是，提笔书写吧！

关于写作这件事，知道再多理论、看过再多范例都没有用，只有真正动手书写才可以体会其中的意义。而且要不停地书写，珍爱生命的每一个片刻、每一个回忆、每一份心情和感触，专注而深情地书写它们，让你的笔像一把锄头不断翻动你的心灵，挖掘深藏的情感，跟自己亲密对话。

通过一次次的写作，手中的笔将会变成你很熟悉且亲近的好朋友。尤其当你寂寞孤独、困惑茫然、满怀心事却无法诉说的时候，心灵写作随时可以陪伴你，通过书写释放内心的风暴与重担，陪着你哭，陪着你笑，扶持着你安然走过人生的每一个旅程。

再次提醒：在你的人生舞台上，你自己永远是最重要的主角。在心灵写作的时候，你是为自己而写，不必完美、不必矜持、不必想太多，放手让自己的心获得自由，把内心的想法和感受源源不绝地表达出来，那份坦率和畅快就是最好的反馈。

不多说了，开始书写吧！

第一章

提笔就写：

踏出了解自己的第一步

想要写作，却不知道如何踏出第一步？

那就从最简单的句子开始吧！

在自由书写的时候，特别是碰到初学者，我经常让大家进行一个暖身动作，就是从"我喜欢……""我讨厌……""我想要……""我不要……"这几个简单的句子开始，让思绪自由奔驰。

这么直白朴素的字句，却带着深深的意义。

爱自己、了解自己的第一步，就是忠于自己的心。我喜欢什么？我讨厌什么？我想要什么？我不要什么？……真诚地面对，勇敢地表达，果断地取舍，才能够真正善待自己，跟自己亲近。

试试看，就让这些简单的句子，陪你走进心灵写作的世界。

我喜欢……

"我喜欢"这三个字具有神奇的魔力。只要想到自己喜欢的事物，心里就洋溢起一股明亮、温暖、轻快的情感。

这是很棒的一个起始句。男女老少通通适用。

问题是，我们喜欢的事物那么多，到底要从哪里写起呢？

这就回到自由书写最重要的原则：想到什么写什么。就在此时此刻，跟随你脑海中浮现的第一个念头，不要犹豫、不要分析比较，让你的心带着手中的笔，很自由地在纸上奔跑。

每次在课堂上分享这段写作总是非常愉快。譬如：

"我喜欢咖啡的香气，让我保持清醒。""我喜欢吃麻辣锅配冰沙，真是畅快！""我喜欢下雨天，淅沥的雨声让心情变得沉静。""我喜欢吃美食，也喜欢做菜。""我喜欢跟小狗一起躺在绿油油的草地上，享受阳光洒下的幸福感。""我喜欢在浴室里大声唱歌，开我的个人演唱会，我是 superstar！""我喜欢旅行。""我喜欢看电影、听音乐。""我喜欢游泳。""我喜欢做白日梦。""我喜欢歌仔戏。""我喜欢看棒球。""我喜欢跟各式各样的人聊天。""我喜欢独处、阅读、画画、跳舞……"

被真心喜欢着的事物们宛若可爱的精灵，活泼地从每个人的文章中蹦跳出来。

自由书写具有轻松坦率的能量。有位朋友写了一篇很可爱的文章：

我好喜欢钱，最喜欢做的事就是赚钱。年轻时不敢这样说，总觉得谈钱很俗气，但现在我会大方告诉每个人：我想赚很多钱，让自己和家人和员工们都可以过更好的生活。钱没有错，是社会上某些人赚钱的方式错了，导致大家都不敢承认自己爱钱。其实钱很可爱，它可以帮助你实现梦想，它可以传达对家人的爱，它让努力有了目标，人生充满希望。我喜欢跟钱做朋友，希望它成群结队来我家，我一定会好好珍惜它、善待它……

还有一个朋友写着写着，就碰触到了很深的情感：

我喜欢听妈妈讲故事。这是从小养成的习惯，每天睡前我都要缠着她说故事，听完才肯睡觉。后来我慢慢长大，变成我讲故事给妈妈听，讲学校里发生的事、公司里发生的事，还有我的每一段恋爱。前阵子她不小心摔了一跤，好久都无法下床，我才意识到她正日渐老去。但我每次回家仍像以前一样吵着要她讲故事，我不愿承认她已经年老，我希望自己可以永远腻在她身边，永远不要分离……

即使是"我喜欢"这么简单的起始句，在某些时候、对某些人来讲，也会带来自我觉察的重大讯息。

有位朋友正在经历离婚的痛楚。她面对空白的笔记本，久久无法落笔。我提醒她："这不是问答题，你不用努力给出答案。如果你此时此刻想不到喜欢的事物，就从'我的脑袋一片空白'开始写起。"

于是她写了这样的一篇文字：

我的脑袋一片空白。我的耳边传来沙沙的声响，其他人都在奋笔疾书，只有我，像个傻瓜一般发呆。我喜欢什么？我居然一点都想不起来。我知道先生喜欢什么、爸爸喜欢什么、妈妈喜欢什么、小孩喜欢什么，我还知道老板和客户们喜欢什么、好朋友喜欢什么，可是我却很少问自己喜欢什么。向来都是身边的人喜欢什么，我就立刻去张罗去准备，看到他们快乐我就快乐。我的价值，原来是建立在满足别人的需求之上……

这是一个很棒的觉察，也是她开始寻找自我的起点。从今以后，她要学习照顾自己、体贴自己、取悦自己，通过喜欢的事物来点燃生活的热情，照亮她的心，跟这个可爱的世界产生连接。这种喜欢的情感不是为了满足别人，只是很单纯地让自己开心而已。

你呢？你喜欢什么？拿起笔来，开始书写吧。

Note

我喜欢

我讨厌……

我们的生活里既然有喜欢的事物，自然也有讨厌的事物存在。不过对某些人来说，要大声表达出"我讨厌"，有时候还是蛮不容易的。因为我们从小就被教导要听话、要有礼貌、保持微笑、不可以太任性、不要冒犯别人、要忍耐退让、不可以随便表露负面情绪……久而久之我们都被驯化了，对于不喜欢或讨厌的事物很少轻易出口。

坦白说，我自己就是这样，总觉得说出"我讨厌"这三个字，对别人是一种冒犯。我很习惯当一个宽厚、好脾气、温良恭俭让的人，一旦遇到不喜欢的人事物，还真不知道该怎么表达呢！幸好有自由书写，有时候我实在太厌烦了，就抓起纸笔尽情发泄，不伤害人也不压抑自己，感觉挺不赖。

我很羡慕也很佩服可以大大咧咧坦率表达讨厌情绪的人。"我讨厌考试""我讨厌体育课""我讨厌星期一""我讨厌复杂的人际关系""我讨厌充满负面能量的人，不是在抱怨就是在泼冷水，好烦""我讨厌别人命令我，用权威压迫我""我讨厌自以为是、控制欲很强的人""我讨厌八卦，讨厌虚伪""我讨厌一个人吃饭、一个人看电影、一个人逛街，好寂寞""我讨厌吵架""我讨厌生病""我讨厌我的家，没有一丝温暖""我讨厌别人干涉我的生活，对我的生活方式指指点点。他们以为自己是谁啊？我的白眼都翻到后脑勺去了"……把这些讨厌的事儿稀里哗啦一股脑全写出来，好痛快。

所以我在课堂上很鼓励大家把"我讨厌"的文章大声念出来，真的很减压喔！

我从小就很讨厌吃红萝卜，但妈妈认为红萝卜健康又营养，每天餐桌上都有它，且不准我偏食。小时候我跟妈妈每天都要为了几口红萝卜而僵持对立，我讨厌她强迫我，她骂我太固执，僵持到最后总是我输了，因为妈妈从不会退让，我只好含着委屈眼泪把可怕的红萝卜吞下去。现在我只要看到红萝卜，就会想起妈妈强硬的表情和那些不快乐的记忆。

我讨厌做家务。身为职业妇女，我跟先生一样要上班，但社会上的性别观念还是不公平，总认为做家务是女人的天职，让我很不服气。也曾经跟先生争吵，希望他帮忙分担家务，但只是对牛弹琴徒然流泪生气而已。我决定雇用家务清洁员每周来家里打扫，我就跟先生一样跷着二郎腿看电视、玩手机。这样才公平吧！

讨厌的感觉难免牵连到不愉快的情绪。有些朋友在心情低落的时候常会写到"讨厌自己"。譬如：

我讨厌容易紧张、经常出糗的自己。每次要在众人面前讲话，我就手足无措、面红耳赤、结结巴巴，好丢脸啊！

我讨厌无用且软弱的自己，三十多岁却一事无成，生活没有目标、对工作失去热情，只是带着空洞的躯壳日复一日过活，觉得自己活得毫无价值也毫无意义……

我好讨厌自己，讨厌自己的担忧、胆怯、逃避、犹豫不决，讨厌自己的软弱、爱哭、自卑、没有主见。我讨厌他不爱我。我讨厌痛苦，讨厌离别，讨厌说再见，讨厌遗憾和后悔。我讨厌为什么我要被生下来，我讨厌为什么要遇到这么多挑战，为什么生命如此艰难？

写作让我们活在当下，跟真实的感觉在一起。讨厌自己的感觉并不好受，但也不必回避，更无须假装自己永远都很积极乐观正向，充满爱和希望。有的时候就是没办法啊！风暴来袭，讨厌就讨厌吧！有负面情绪很正常，只要看见它、承认它、接受它、书写它，让负能量得到认可和释放，它才会乖乖离去。身体要排毒，心灵也要排毒才会清爽啊！

Note

我讨厌

我热爱……

拥有热爱的事物，是一种幸福，表示活得热烈、有趣。

"热爱"是比"喜欢"更强烈而专注的情感。当我们热爱一件事物，整颗心为它痴迷，思之念之，不惜投入珍贵的时间、精神、金钱、心力，乐此不疲，无怨无悔。

世界上值得投注热爱的事物非常多。有人热爱飞行，有人热爱冲浪，有人热爱电影，有人热爱戏剧，有人热爱考古，有人热爱时尚、学语文、玩编织、茶道、品酒、写作、跳舞、打鼓、瑜伽、园艺、种田、骑自行车、健步走、露营……若要认真研究，每样事物都是一门大学问，只要玩得越来越深入，玩出兴味，就会变成这个领域的专家和达人，为生活开启一扇充满乐趣的大门，日子也有了投注的重心。

我很喜欢心中有所热爱的感觉。我热爱的事物之一是棒球，只要谈起心爱的球队和球星，我就口沫横飞，看到队歌的影片就感动落泪；最期待每年春天球季开打，下班回家立刻打开电视看体育台，并同步连线电脑的BBS棒球版，一面吃晚餐，一面看球赛，是每天最开心的时光。

如果无聊或郁闷，就去球场吧！穿着球衣、带着加油棒和一堆啤酒、零食，在宽阔的球场里吹着晚风，跟所有球迷一起唱歌、欢呼、呐喊、哀号、鬼吼鬼叫，把所有压力全释放掉。遇到总冠军赛更要守在电脑前紧张抢票啊！然后跟着球队赛程全台南北跑个遍，一头白发却热血飞扬，这种疯狂和傻气，只有死忠球迷才能体会。讲到心中的热爱，每个人的眼神就闪闪发亮，发散出喜悦光彩。每次课堂上书写这个主题，大家分享得很开心，我也听得兴致勃勃，谁说生活很无趣？有这么多好玩的事在等着我们去体验呢！

　　我热爱爬山。自从大学时代跟同学走一趟溪阿纵走，我就爱上美丽的山林，每次休假只想远离城市喧嚣，跟一群山友们往山里去，满身大汗、气喘吁吁却乐此不疲。还记得第一次爬上大坝尖山顶峰，居高临下，看到气势磅礴的亘古群山，一望无际的天空和云霞，心情激荡不已。那时我正在换工作，对前途感到茫然不安，但是在天宽地阔的大自然面前，突然觉得世俗的种种烦恼都微不足道，心中的担忧和焦虑都被宏伟大山疗愈了。

　　我热爱自助旅行，朋友们都说我很勇敢，其实我只是受不了团体旅游的走马观花。平时工作已经充满人际压力，旅行时我只想放松放空，想走就走，想坐就坐，想发呆就发呆，不用配合任何人。

　　我曾经花一整个下午坐在沙漠边缘，听风吹过沙丘的声响，呼呼呼，很巨大，那是我第一次这么明确地听到大自然的声音。我也曾经无所事事地跟缅甸的老人小孩一样躺在佛寺里午睡，缅甸虽然穷困却很干净，寺庙地板光亮，冰冰凉凉，好像小时候躺在外婆家的磨石子地板，午睡醒来，正好看见一个老婆婆从我面前走过，恍惚间仿佛死去的外婆回来陪我睡一觉。

自助旅行要处理很多琐碎的事情，常会碰到很多措手不及的烦心事，可是无论多惨，到最后我都可以克服一切，平安回家。是这么多次的旅行让我发现自己很勇敢、很坚强、很有能耐，没什么好害怕的。就是这种成就感，让我一次又一次往天涯飞去，让我看见广阔的世界，也看见越来越独立的自己。

我热爱工作。每次我这样讲，朋友们都笑我是工作狂和自虐狂，但我是真的很喜欢做事，很享受工作时的忙碌和专注。我喜欢迎接各种挑战，喜欢通过压力激发出创意和潜能，更喜欢完成工作的成就感。挫折和失败总是激起我不服输的傲气，不断自我检讨和请教前辈，一定要找出原因彻底修正改进！如果提案被退回来，我也不会沮丧太久，把工作当游戏打怪，再接再厉直到提案通过。我很喜欢拼命打怪的自己。

有朋友问："可是我想不出热爱的事。怎么办？"这也是一个很棒的发现。我的回答是：那就从"我的心中没有热爱的事物"或"我从不曾热爱过什么"开始写起，回头审视自己的生活，找找看你的热情躲到哪里去了？你是从小就缺乏热情吗？或是长大的过程中遗失了？还是你没机会接触有趣的事物，缺乏新鲜活水来开启内心情感呢？你想要改变吗？……所有的答案都存在你的心灵里，通过自由书写为你找到释放热情的钥匙吧！

Note

我热爱

我痛恨……

你的心里是否曾经被痛恨的情绪所笼罩？再怎么温和、善良、好脾气的人，也都可能曾经被痛恨的情绪所笼罩。"痛恨"是比"讨厌"更强烈且尖锐的负面情绪。对于讨厌的事物，我们还可以用嬉皮笑脸和尖酸嘲讽的态度来述说它们，但讲到痛恨的事物就不一样了，很可能会有一种咬牙切齿、龇牙咧嘴、肾上腺素飙升的火气涌上来，或许还伴随着深沉的哀伤和苍凉感。痛恨的感觉绝对不好受，宛若一只躲在阴暗处不断啃噬心灵的怪兽，还会时不时喷出怒火来，把你平日的轻松优雅、宽大仁慈全部焚烧成灰。但这头怪兽并不是凭空出现，它或许是一个心灵的使者，带领我们认识黑暗，让我们更深刻理解生命和这个世界。如果你的心中怀着某种痛恨，那就来书写吧。不要害怕，不要逃避，通过文字直视这头怪兽，看看它到底长什么样子。有一位朋友在上课的时候落泪了，她写道：

我痛恨爸妈偷看我的日记。其实我小时候很喜欢写作，漂亮的日记本就是我的秘密基地，大大小小的心事都在里面倾诉。有一天，我发现爸妈会偷看我的日记，我的心头被重重打了一拳，觉得自己好像被剥得赤裸裸地站在爸妈面前。我气哭了，大声抗议，把日记通通烧掉。虽然爸妈有向我说对不起，保证不会再犯，但是我心底的安全感已经动摇，从此我再也不写日记，宁可把所有心事都锁进沉默里。相隔二十年，直到今天，我终于跟写作重逢了。

另一位朋友长期捐款认养家庭扶助中心的儿童，因为他知道穷苦的滋味：

我痛恨贫穷。我从小在穷苦的家境中长大，下课时间同学们成群结队去福利社（小卖部）买零食，我只能默默吞下羡慕的口水，低头假装认真看书，更别谈穿新衣服、上馆子、去旅行、学才艺这些奢侈品。我痛恨贫穷所带来的紧缩、委屈、压抑、退让、自卑和自怜，我痛恨贫穷所带来的愁苦、烦恼、妥协、低声下气、锱铢必较，我痛恨贫穷带来的绝望、眼泪和争吵。所以我发誓，绝对不会让自己的孩子再经历这样的痛苦。我更希望世界上所有的孩子都可以免于贫穷的磨难。

一位朋友很投入儿童潜能开发课程，希望下一代的孩子拥有自由的心灵。她写到自己从小就很叛逆，很讨厌传统观念对于个人的压抑和限制：

我痛恨被贴标签。从小到大，我最痛恨人家说"女孩子就该如何如何、不该如何如何""好学生就该如何如何"，这些标签好像符咒一样，只要往你身上一贴，你就必须乖乖听他们的话，不能反抗。事实上每个女孩子都不一样，每个学生的个性和才华也不一样，为什么要用死硬的框框来加以限制呢？我想把这些讨厌的标签一一撕掉，因为我一点都不想迎合这些标签背后的期待和束缚。

还有一位朋友花了很长时间才从童年暴力的阴影中走出来，勇敢走入婚姻：

我痛恨暴力。我是在家暴阴影中长大的孩子，爸爸脾气很不好，只要在外面碰到不如意，回家就借故揍妈妈出气。姐姐比较勇敢，为了保护妈妈会大声制止爸爸，结果当然是扫到台风尾，难逃被揍的命运。我胆子小不敢说话，只会躲在一旁发抖哭泣，虽然躲过拳头和谩骂的风暴，但也养成我退缩压抑的个性。直到现在，我还经常半夜惊醒，觉得有可怕的事随时会降临。当初结婚时，我很认真地跟先生约法三章："我们怎么吵架都可以，但你只要敢动手打我或打孩子，我们立刻离婚，绝没有第二句话。"幸好先生是很温和的人，十年的婚姻生活终于让我慢慢放下心中的恐惧和阴影。

你所痛恨的又是什么呢？当你准备好要面对它时，就让它从你的笔端现身出来吧！就像传说中的僵尸，一见到光就会粉碎，也许你心里那头痛恨的怪兽也会因为被你看见了，"轰"一声就消失了，不再停留在暗处作祟。试试看！

Note

我痛恨

我想要……

　　每个人的心里都藏着一朵花，叫作渴望。那朵花独一无二，是由自己的心灵孕育而成；那朵花像个安静的微笑，只有自己能够听见它无言的低语。如果你一直不理会它、假装它不存在，它就只能永远默默藏在心里的幽暗角落，在寂寞中渐渐枯萎；要让花朵美丽盛开散发芬芳，唯一的方法是：大声说出"我想要"。

　　只要是人，内心总有许多欲望。不同的生命阶段，渴求的欲望也不一样。你知道现在的自己想要什么吗？你可以坦然承认内心的欲望吗？你明白这些欲望从哪里来的吗？如果你陷入迷惘，不妨用"我想要"这个简单的起始句跟自己的欲望对话，倾听内心的声音，说不定可以拨云见日，恢复心灵的清朗喔。

　　有一位朋友写到对流浪的渴望，才发现原来她早已不快乐很久了：

　　我想要自由自在。我想去很远很远的地方旅行。去放空，让自己随波漂流。我知道每个人都有要背负的责任，但我已经疲惫不堪，只想要逃离。我可以任性一回，把一切都抛下吗？我想要找回快乐的自己。

　　一位个性独立的单身贵族，老是假装自己很坚强，不需要感情的羁绊，但是当她轻轻呼唤心里的那一朵花，才脸红地发现自己渴望爱情能如春风吹来，吹走她的寂寞孤单：

> 我想要好好谈一场恋爱，想要拥有一份相知相惜的感情。平心而论，我长得并不比别人差，个性上也没有太大缺陷，为何就碰不到一个真心爱我的人呢？谈过几次不成气候的恋情都不了了之，到底我的桃花什么时候才会盛开？

在团体里写作有一个好处，可以看见心灵的多样性。有人想要进入爱情的城堡，却也有人想要远离亲密的围城：

> 我想要单纯自在生活，所以保持单身比较适合我。也曾经谈过几次恋爱，却发现相爱容易相处难，分手更难，总是带来许多伤害。我对婚姻没有欲望，更不想生小孩，这辈子只想为自己负责，不想增添多余的责任和烦恼。一个人想跳槽就跳槽，想离职就离职，想去哪儿就去哪儿，自由自在，何必为了社会的眼光和压力而扭曲自己呢？

除了情感的态度之外，对于生活方式和价值观的追求，每个人也都不一样。有人想要追求金钱财富，有人却为了理想而放弃高薪；有人想要城市里的繁华、迅速和便利，有人则想要乡下的自然田园和缓慢悠闲。就以华人社会最看重的买房子这件事为例，每个人也有不同的想法：

我想要买房子，尤其结婚之后，总觉得要有自己的房子，心里才踏实。为了这个伟大目标，我跟先生省吃俭用，每天带便当上班，少进电影院，不逛百货公司，假日就去郊外踏青不用花钱，只有发薪日才会到餐厅小小庆祝一下，犒赏一个月来的辛苦。最欣慰的时刻是看到存款簿里的数字逐渐爬升，代表我们又朝着梦想前进了一小步。

我想要有质量的生活，不愿意变成房贷的奴隶。现在的世界变化太快，谁也不知道未来会怎样，如果身上背负着二十年的房贷，万一失业，压力将非常可怕。我们不是富豪之家，没办法轻轻松松购屋置产，所以宁可租房子，想搬家就搬家，想换工作就换工作，每年有余裕就带孩子出去玩，还保留一些存款以备不时之需。有人说，有房子才有安全感，但是对我来说，自由才是安全感的根基，被贷款紧紧捆绑而放弃眼前的快乐和梦想，这绝对不是我想要的生活。

通过书写，我们了解自己的渴望；通过分享和倾听，我们理解每个人拥有不一样的人生，各有不同的追寻，因而学会了尊重与多元。

最重要的是，当我们知道自己的心想要什么，就会朝向更喜欢的生活而努力。赶快用通关密语"我想要"来唤醒这朵梦想的花吧！希望你心中的那朵花开得灿烂。

Note

我想要

我不要……

生命中的很多改变都是从"我不要"开始的。

"我不要"是很有力量的三个字，表示你终于看见自己的心，也许你还不知道人生想要什么，至少，你已经知道自己不要什么，通过消去法，消去一个又一个的"我不要"之后，人生将会越来越清晰。

根据发展心理学的观点，一个孩子长到两三岁的时候，开始进入最麻烦的、连鬼都嫌的"我不要！"阶段，不管大人给他什么或问他什么，一律摇头反抗说："我不要！"这举动看似不知好歹，其实是年幼的孩子正在形塑自我意志。

与此同时，社会化的教育也逐渐加深。年纪越大，越无法坦率任性，即使碰到不开心的事情，还是要顾虑人情的种种羁绊，再也很难轻易说出"我不要"。除非情绪被逼到某个关口，才会让这句话脱口而出。

有一位朋友很生气老公经常加班，假日都无法陪孩子出门走走，两人经常吵架，她觉得很委屈，老公也很无奈。但是当她转念说出"我不要再等待"之后，心情豁然开朗：

我不要再等待他，也不要再处处依靠他，决定自立自强去考驾照，从此以后我们母子很自由，爱去哪里玩，说走就走，不必勉强老公陪我们，他可以安心去加班，我的情绪也变得轻松舒畅！

一位三十岁的上班族决定勇敢辞职，转换跑道，因为他不要让热情枯萎：

我不要每天做着索然无味的工作，整天对客户低声下气。我不要被一成不变的琐碎磨光热情和梦想，变得死气沉沉。我不要等到头发斑白才后悔这辈子都在浪费生命。我想要改变，我想要找到真心喜爱的工作，让每个日子都活得快乐充实。

一位乖顺的儿子受够了爸爸的威权，通过书写宣泄心中的怒气：

我不要被你控制，我不要再被罪恶感捆绑。你的面子是你追求的虚荣，跟我无关；你的宗教是你自己的选择，请不要强迫套在我头上。你的痛苦我没办法替你承担，就像你也无法分担我的苦难。你想要什么请你自己去实现，我有我自己的路，如果你不能尊重我，那么我的人生我也不会再让你介入。

一位形象温和的好好先生承认自己脸皮很薄，从来不会拒绝别人，虽然结交了一些好朋友，但也吃了不少闷亏。最近终于想通了一件事：

我不要再当滥好人。或许在潜意识里因为不够自信而有讨好的倾向，对于别人的要求总是来者不拒，但好心不一定有好报，反而对人性感到失望。从今天起我要学习勇敢说NO，站稳立场果断划出界线，不再让别人予取予求。

一位陷入三角关系的朋友经常为爱哭泣，直到参加了好友的婚礼，看到新人脸上洋溢着的幸福表情，才终于下定决心斩断情丝：

我不要一份不完整的爱情。我不要永无止境等待一份无法实现的诺言。我累了，我不要再将幸福的希望寄托在别人身上。我不要跟他一样软弱、欺骗自己。所以我选择转身离开，我想要好好疗伤，我想去看看更广阔的天空。

一位朋友写道，妈妈一直是她写作最重要的主题。她从小看着妈妈忙碌的身影和重男轻女的价值观，心中百味杂陈，有心疼，有不舍，也有悲伤和愤怒。当她自己走进婚姻时，一个很清楚的声音在她心里响起：

我不要像妈妈一样，一辈子只为家人付出却忘了照顾自己。她一直省吃俭用，连出租车都舍不得坐，从不出去玩，但哥哥要买房子买汽车她立刻掏出钱来。她对自己很吝啬，对儿子却超级慷慨，她把儿子看得比自己更重要。我才不要当这样的妈妈。这绝对不是我要的人生。

每次听着学员们分享这些文章，我总是非常感动。"我不要"是一个充满力量的宣言，对于生活中让自己不快乐或不满意的事物勇于拒绝说"不"，通常是改变的第一步。

当你心里响起"我不要"的声音时，请注意倾听，它可能包含着重要的讯息。如果你忽略不管，这个声音可能会不断在你心上嗡嗡作响，越来越大声，直到你愿意停下脚步，认真面对它为止。

想想你目前的生活，对于某些不喜欢的事物，你是否也有大声说"我不要"的勇气呢？

Note

我不要

我记得……

任何时候，如果你想写作却不知道从何写起，那就让"我记得"当作永恒的起始句吧。

我们的心灵宛若一片辽阔深邃的大海，从生活里不断汇聚无数的情感和记忆。从小到大所经历过的每一个生活碎片，那些闪烁绽放过的吉光片羽，其实都未曾消失，只是埋藏在心灵大海里的某个角落，当你写作时，昔日的某个画面和情景说不定就会栩栩如生地在眼前重现。

每个人的心里都记得好多好多事情。小时候养过的猫狗、跟邻居小孩玩家家酒、院子里爸爸亲手栽种的玫瑰花、跳进小河里游泳的清凉、老师打骂揍人的模样、庙会的锣鼓喧天和鞭炮声、台风来袭停水停电的黑夜、夏日里淋漓畅快的西北雨、学骑车时摔落的伤口、一条最喜欢的裙子、第一次暗恋时的魂不守舍、跟好朋友吵架的伤心、打球的趣事、考驾照的紧张、失恋时的痛哭、婚礼上的幸福眼泪……每一个回忆都饱含着生命感情的汁液，都是写作的好素材。

我第一次用"我记得"这个起始句书写时，不期然地就哭了。我想到童年屋子后院那棵老榕树，想到经常坐在树干上望着天空发呆的那个小小的自己。想到老榕树旁那条清澈的小溪流，生机盎然，有许多小鱼、蝌蚪和泥鳅，妈妈每天都坐在小溪旁的石头上弯着腰洗衣服，偶尔转过头来跟我说说话，那时候妈妈还很年轻，轻柔的阳光洒在她脸上，笑容里有着疲惫的温柔。

写着写着我突然明白，当时的我虽然年纪小，却已经把妈妈在现实生活中的操劳、辛苦、忍让、无奈，全看进眼里。

后来，我又写过很多次"我记得"。我很喜欢这个起始句，这三个字非常神奇，每次在课程上跟大家一起书写，总是牵引出各式各样动人心弦的记忆。

我记得，那一天的夜风清凉，月光很美丽。我们在剧院不期而遇，表演结束后，我骑摩托车顺路载她回家。在一个十字路口遇到红灯停下时，我一时兴起转头问她要不要吃夜宵？她笑着点头说："好啊！"我突然觉得她的眼睛好漂亮，表情很可爱。

我记得，生平第一次看到下雪是在合欢山，地面上薄薄的一层积雪，只能堆出一个小雪人，大家还是高兴得又叫又笑。那是大四寒假的中横健行，五天四夜留下许多快乐的回忆，不久后这群好友就毕业各分西东，再也没有机会像这样无忧无虑地一起出游。许多年后，我在美国纽约过圣诞节，遇到一场漫天纷飞的大雪，让我想起青春年代的友谊，心里暖暖的，又有一点惆怅。

我记得宝宝刚出生的时候，护士小姐抱来给我看，我当

时已经耗尽全身精力累得说不出话来，看到这个脸红红全身皱巴巴的小老头，突然觉得很想哭。一般妈妈都是喜极而泣，我却是失望的眼泪，怎么这样丑啊！这就是我辛苦怀胎十月生下的儿子吗？没想到才过几天，原本肿肿小小的眼睛变得又圆又亮，整个脸舒展开来，白白嫩嫩好可爱啊，每天看他千遍也不厌倦。

我记得，爸爸临终的时候，我们把他从医院接回家，所有兄弟姐妹和孙子们全都围绕在床边，我们逐一握着他的手跟他说话，轻轻哼着他最喜欢的歌，忍住眼泪为他送行，屋子里满溢着悲伤与爱与感谢。这是我有记忆以来全家人最亲密的时刻。

我们的生命由无数的记忆所组成，所以"我记得"这三个字可以书写一辈子。试试看，现在就用"我记得"召唤不小心被我们遗忘的美好过去吧！

Note

我记得

我不记得……

我们记得很多事，但也遗忘了很多事。有些事情的细节我们已经不记得了，但不记得并不代表没有意义，或许那些遗落的记忆背后，还有一些什么仍然保留在心灵的某个角落。

第一次用"我不记得"当起始句时，我其实有点担心，怕大家会觉得困难而心生抗拒。不记得的事物要如何书写呢？有些人的脸上浮现困惑的表情，也有人皱起眉头。我只能再次强调："相信你的心，想到什么就写什么，手中的笔自然会带着你前进。"

结果，每个人都写出一段蛮有意思的文字，还有人在分享的时候落泪了。心灵真的很神奇，不是吗？看看这些信手写来的范例：

我不记得当初为何会一个人跑去宜兰玩。结果让我遇见了他，我的初恋，这或许是冥冥之中命运的安排。

我不记得多久不曾抬头看看天空和星星了。大学时代到梨山打工，整整两个月都在高山上的农场度过，山里的夜晚没有光害，一抬头就看到满天星斗，好像黑幕上洒落了无数闪亮的

钻石，好美丽好宁静。出社会后整天在都市丛林里打拼，很少抬头看天空，只有偶尔夜深人静失眠时，才依稀想起在高山上观星的那段青春岁月。

我不记得上一次真正开怀哈哈大笑是什么时候。我是说捧腹大笑，笑到流泪倒在地上打滚的那种单纯的快乐。我以前是很爱笑很爱闹的，身边永远有一群好朋友，每次相聚，笑声都要掀开屋顶。但是这几年昔日好友们逐渐散了，有人出去念书，有人调到海外工作，有人结婚生了宝宝，各自踏上不同的人生轨道，我们被时间逼着往前走，逐渐长大成熟，但心中却有一点寂寞。

我不记得为什么我们又吵起来。我不记得我们曾经拥有的快乐，脑海里只剩下那些争执不休、面红耳赤的画面。我不记得是谁先说出"分手"这两个字，也不记得谁先转身离开。这样也好，什么都不要记得，最好连眼泪和痛苦都一并忘记。

我不记得当初是怎么走过失恋的伤痛。只记得那段时间日子过得迷迷糊糊，脑海里的负面情绪不断循环：我做错了什么？他为何这样对我？我为什么这样软弱？我看不起自己、我怨他、我恨他、我好想他、我要他回到我身边……我好像被抛弃在另一个时空次元里，整天浑浑噩噩漂浮着，直到泪水流干、爱已枯槁成灰，才渐渐回神，重新跟现实世界连接。

　　我不记得是否曾经和爸爸好好坐下来说过话。从小我就很羡慕妹妹会跟爸爸撒娇，而我总是挨骂的份。爸爸比较严肃，我的个性又很别扭，越想要的东西就越表现得不在乎，爸爸骑车载我时，我也不会伸手去抱他的腰，而是往后抓住车尾端的扶手，跟爸爸的身体保持距离。离家之后跟爸爸的交流越来越少，打电话回家也都是跟妈妈说话，跟爸爸之间好像隔着一堵透明的墙，看得到彼此，却无法感受到接触的温度。我也想要打破这堵墙，只是不知道要如何跨出这陌生的一步？

　　用"不记得"当作起始句是一个有趣的尝试，就像面对一条模糊的幽径，不要想太多，就放松顺着它走下去，走着走着，某些曲折迂回的心情却渐渐明朗。你要不要也来试着写写看？

Note

我不记得

我常常……

我喜欢书写日常的小事，胜过书写那些看似伟大、永恒的题目，因为我们不是活在伟大的传奇故事里，而是活在每一天的平凡和日常当中，正是那些细微琐碎如透明小玻璃珠的日常时光，构成了独一无二的我们。

所以，我上课的时候经常提醒大家：写作要"小题大作"，从日常小事入手，以新鲜眼光去描绘生活里的平凡事物，以细腻心情去品味眼前的寻常风景，千万不要"大题小作"，以免落入雷声大雨点小的陷阱。

"我常常"是个不错的起始句，可以用来观察自己生活的惯性，你常做的事、常去的地方、常吃的食物、常说的话，不知不觉构成了你的生活方式，也展现了你的个性和想法。通过书写这些常常，是觉察自己的一种有趣方式。

像我这个年龄，朋友也都开始步入初老阶段，眼睛逐渐老花，记忆力默默在退化，常常忘东忘西，起身走到房间却忘了要拿什么，走出门却忘了带皮夹，钥匙和眼镜老是忘了丢在哪，很多人的名字怎么也想不起来……大家聚在一起很自然就讲到这些常常发生的糗事，每个人都有一箩筐笑话，笑声中夹杂着一点自嘲、一点感叹、一点无奈，却也带着一点日渐成熟的豁达。

不同生命阶段的人们，生活习惯也不一样。我年轻时是标准的夜猫子，经常熬夜看书写作，现在已经没有体力如此任性了。当我听到一位年轻人的这段书写，不禁莞尔，我完全可以理解夜晚的美丽啊！

我常常熬夜，这个习惯怎么也改不了。明知道对身体不好，但我就是喜欢夜深人静的时光，整个世界都睡了，只有我和一盏灯光还清醒着，这时候做什么都很专注，我很享受这样的孤寂感。

有一位朋友是环保主义者，她觉得走路既减碳又健康：

我常常走路。心情好的时候想走路，心情不好时更想走路。走路是一种缓慢的移动，可以看到马路上的许多细节和风景，我特别喜欢走在巷弄间，闻闻这家的花香，看看那家的窗台，对慵懒地躺在路边晒太阳的猫狗微笑，欣赏店家的招牌和橱窗。走一段路后，不但身体微微发热冒汗，心情也变得放松舒畅。

一位朋友想到过去那段抑郁症的日子，还是心有余悸：

我常常陷入抑郁的情绪，上一刻还兴高采烈，下一刻就突然低潮，好像瞬间跌进一个又黑又深的坑洞里，心慌意乱不知道该怎么办，无力自救，只能等待别人抛下一条救命的绳索，帮助我爬上地面来。

一位热爱电影的朋友写了跟我一样的习惯，让我有点惊喜：

我常常一个人去看电影。因为约朋友太麻烦，自己一个人说走就走，还可以沉浸在电影的感动中不会被打扰。这个习惯是年轻时代养成的。我还记得第一次看侯孝贤的《风柜来的人》、杨德昌的《恐怖份子》、科波拉的《斗鱼》、大岛渚的《圣诞快乐，劳伦斯先生》、荷索的《天谴》这些新潮电影时，我受到极大的震撼，影片结束许久我还坐在椅子上无法站起。这时候我一点都不想跟人讲话，只想一个人慢慢平抚激动的心情。从此我就常常当个独行侠，自己去看电影，放心地沉浸在剧情里，不想回到现实也无所谓。

一位朋友写到面对母亲年老的心情：

我最近常常回家探望妈妈。自从爸爸过世后，妈妈一个人守着老家，怎么也不肯搬来跟我们同住。确实，要让老人家搬到全然陌生的城市是很难适应的，只能我们回去陪她。老人的时间是不断倒数的，尤其爸爸过世后，这样的感触更深刻，所以我宁可现在累一点，每个周末来回奔波，也要珍惜跟妈妈相处的时光，以免日后徒留遗憾。

还有一位朋友通过写作而诚实面对自己的感受，她到底该如何在施与受之间抉择？如何让自己完整呢？

我常常当朋友的垃圾桶，每当他们心情不好的时候都喜欢找我吐苦水，我很乐于倾听，也会做适时的开导，让他们转换情绪，重新露出笑容。但我却很少对别人诉说我的烦恼，大家都以为我是个开心果，其实我只是习惯把垃圾往自己心里倒罢了。

你有觉察到生活里无数微小的片段吗？你常常做哪些事？常常有哪些心情？仔细品察眼前的生活，好好欣赏并书写属于你的七彩玻璃珠吧！

Note

我常常

我很少……

如果"我常常"的书写，让我们看见生活中光亮可爱的玻璃球；"我很少"就是它的反面，让我们看见那些被忽略、被抗拒的事物。这两个起始句都是一面镜子，一面镜子映照出熟悉的我，另一面镜子映照出陌生或不习惯的我。

心灵写作是很神奇的，不管你从正面或反面切入，都可以看见某个部分的自己。"我很少失眠""我很少画画""我很少运动""我很少吃肉""我很少参加同学会""我很少开怀大笑""我很少哭泣"……在这些"很少"的背后，都有各自的理由，可能是一种惯性，可能是一种坚持，也可能是一种逃避或恐惧。通过书写，可以带来一些自我的了解和思索。譬如这些朋友的分享：

我很少对别人发脾气，更不会跟人吵架。碰到不满意或看不下去的情况，我会尽量保持理性，温和表达意见。如果遭到误解或委屈，我会转身离开现场，找个安静的地方让情绪平稳下来。我对自己的理性感到很自豪，但最近上了一些心理学课程才发现这也可能是一种压抑，不会生气并不见得是好事，很容易内伤。但是要怎么了解自己的情绪？我还不太清楚，需要慢慢摸索。

　　我很少跳舞。学生时代几乎不曾参加舞会，也没去过夜店。直到不久前参加艺术治疗体验，老师要我们自由舞动，我像一根竹竿般直挺挺全身僵硬，有的人却很放松随着音乐摇摆扭动，像水草般优美柔软。老师说我的肢体太紧绷了，走过来带领我的手脚胡乱挥动，对我来说是很新鲜的经验。我一直在充实大脑的理性，却忽略了身体的感性，或许该让它多动一动才对。

　　我很少赞美自己，很少对自己感到满意。我总是批判自己不够聪明、不够努力，老是责备自己做错事和说错话，不断陷入懊恼和追悔。我知道每个人都不完美，但我的缺点在自己眼中却不断放大，让我越来越没自信。我何时才能放过自己？

　　我很少回家，因为我在逃避，不愿意跟妈妈太靠近。我从小就饱受她的批评，我的穿着打扮、我的功课、我的朋友、我的言行举止她通通不满意，一天到晚纠正我并泼我冷水。直到现在她仍不放过我，只要我打电话回家，她就一直告诫我要学聪明点不要傻乎乎被骗，不要太贪吃以免发胖很丑，要省钱不要乱买一堆没用的东西，赶快结婚不要再东挑西拣，当心拖成老太婆没人要……为了逃避她的负面能量，我只能离她远远的，以免好不容易建立起来的自信心又被她打垮。

　　在课堂上分享的时候，我通常只是含笑倾听，不需要多说什么，因为每个人在写作的过程中，都已经开始整理自己的人生，跟内心世界展开对话。有时候，他们会急着想要寻求建议或听到解答，但我会提醒大家："自己人生的答案无法外求。自己想要什么、想往哪个方向前进，答案都在自己心里。不要急，继续跟自己对话，找到自己的选择，发现自己的力量。"

我们每个人都走在探索自己的路途上，相信自己的心，相信手中的笔，相信每一个问题终究都会跟属于自己的答案相遇。

有时候，"我很少"也可以作为一种自我的宣告，一种价值观的选择。一位力行简朴主义的朋友是这样写的：

我很少逛街买东西。我有流浪的灵魂，不喜欢像植物一样永远固守在同一个地方一成不变，所以我经常搬家，每次搬家就趁机丢掉一些东西，连信件、照片和日记都慢慢丢弃。我还想要移居到不同国家去住几年，体验不同社会文化。为了避免日后搬家麻烦，从现在就严格执行"断舍离"，希望东西只出不进，身外之物越少，未来就越轻松自由。

这段写作非常激励人心。我想到自己当初去纽约两年，也是带着两只皮箱就出发了。其实我们真正需要的东西很少，如果可以不囤积、不恋栈，生活会简单很多啊！

你很少做的事情、不熟悉的事物，对你有什么意义？通过书写，我们越来越了解自己，甚至可以带来改变的勇气喔！

Note

我很少

我看见……

经常有朋友问道："我很想要练习写作，但不知道要写什么。"这时候，我会请他睁大眼睛，仔细观看身边的各种事物，然后从"我看见"这三个字开始写起。

我们活在丰富多变、不断流转的世界，眼前随时都充满各式各样的色彩和动人的画面。桌上的笔记本和咖啡杯、墙上的抽象画、被轻风吹动的薄纱窗帘、阳光斜斜射在阳台花架上、染着绿色头发的青春少女、在路上呼啸而过的一辆酷炫重型摩托车、公园里一对携手缓缓散步的白发老夫妻、草地上互相追逐吵架的鸽子、趴在树上认真盯着你手中零食的贪吃松鼠、宛若童话世界的商店橱窗、地铁车厢里背着沉重书包神色倦怠的中学生……每一个小小的画面，都可以是写作的起点。

写作不一定要在室内进行。每次当我走到户外，在公园里散步、在大树下野餐、在路边咖啡座看着人来人往、在火车或地铁车厢里、在餐厅里、在下班时分的街头人潮里，身边的人事物不断移动，视觉刺激更加丰富，写作的灵感也源源不绝。

我习惯随身带着笔记本，只要看到某个画面心有所感，就会拿起笔来书写。这是我信手写过的一些片段：

我看见一个街头艺人在公园里拉小提琴。一个妈妈牵着小女孩走过，女孩听到音乐就停下脚步，好奇地看着街头演奏家，然后随着音乐开心地手舞足蹈，街头艺人笑了，一面拉琴一面跟她共舞。这画面好可爱。

我看见前院花园里出现两只毛毛虫，许多花瓣和叶片被啃得残缺不全。我好犹豫，应该除掉毛毛虫以保护花丛呢？还是供养一些花叶让毛毛虫长大变成美丽的蝴蝶？我取决不定，陷入两难的选择。

我看见窗外的树梢上有一只绿绣眼在枝叶之间轻盈跳跃。我正在阳台晾衣服，立刻停下一切动作，生怕惊吓了它。它歪着头好奇张望的姿态好可爱。我静静看着它几分钟，直到它挥动翅膀飞走为止。我的心情原本有点烦躁，但这几分钟却让我忘记了一切，真是奇妙。

我看见路边的候车亭有一群中学女生笑笑闹闹在排队。我此刻正坐在公交车上，当公交车靠站停妥后，她们一拥而上，车厢里立刻洋溢着活泼的青春气息。现在学校发禁解除了，年轻女孩们都变得很漂亮。想到以前我们念书的年代，每个女孩头上都顶着一个傻气的西瓜皮发型，整齐划一单调无聊，丑毙了。十几岁宛如新鲜嫩芽般的少女时光，一生只有一次，我们却无法展现自己独特的个性和审美，整天被教官盯着是否头发多留长了一厘米，裙子是否偷偷往上缩短了一厘米，回想起来真是悲哀。

我看见妈妈的背影。她一如往常，正在厨房里细火慢炖着一锅香气浓郁的药膳，要为偶尔回家的儿女们进补。这个背影我从小看到大，妈妈总是沉默地在厨房里忙碌着，端出一盘又一盘拿手好菜，借此传达她对我们的爱。但其实我们根本吃不了这么多。我更希望看到妈妈正面的脸庞。很希望妈妈放下锅铲和家务，转过身来跟我们聊天说笑。

我站在镜子前面仔细凝视自己，然后我看到了爸爸的眼睛，还有妈妈的唇形。子女跟父母是怎样的一种缘分啊，我的脸庞上如此鲜明地印记着父母的痕迹，也拥有跟他们一样的习性和脾气。我讨厌妈妈爱操心，但我同样是个容易操心、容易焦虑的人；我抱怨爸爸的享乐主义，但我又何尝不想任性率情、轻松惬意？是不是每个子女都是父母双方的矛盾综合体？我的心里升起一股既温暖又哀伤的复杂情绪……

你看过电影《和平战士》吗？有一段情节是智慧老人教导年轻主角要专注地观看，觉察每一个当下眼前正在发生的细节，那段画面非常神奇而且动人。

所以，你准备好擦亮双眼了吗？此时此刻此地，当你环视周遭的景物，你看见了什么呢？

Note

我看见

我听见……

在民间故事中，我很喜欢妈祖庙前的两位将军"千里眼"和"顺风耳"。尤其是顺风耳，可以听见遥远风中传来的各种细微声响，光听名字就带有一种充满想象力的诗意。

在我们所有的身体感官中，视觉是最强势的，我们经常仰赖眼睛观看世界，比较少动用耳朵去仔细凝听。只有在静坐或禅修时，不再说话，不再行动，只是静静坐着，心安定下来，这时我们才会听见周遭远远近近的各种声音：有小鸟在叫、有救护车的咿呜声驶过、有喇叭声、有风吹过树叶的沙沙声、有鱼缸的水流声、有小贩的叫卖声、有学校的钟声和广播声、有年轻人打篮球的笑闹声、有邮差的叫唤声、有一对情侣在吵架、邻家厨房的炒菜声、妈妈呵斥小孩的怒骂声……

我记忆中最难忘的一个声音，是在二十多年前，那时我经常熬夜写稿，有一天深夜，我突然听见老虎哀鸣的声音。我平时很爱看动物星球频道，这声音错不了，但现代都市里怎会有老虎的吼声呢？虎落平阳，绝对没有好事，我一夜忐忑未眠，天亮就赶快出门，到附近寻觅。果然在一家餐厅旁边的空地，看到一只拥有美丽斑纹的老虎被锁在坚固的铁笼里，绝望地哀号。

当时台湾还没有动物保护的法令，我也生性怯懦，不知道该如何为这只老虎求助。我只是哀伤地看着它。接连两天的深夜，我依然听见它的叫声，心里一阵阵刺痛。然后，这个声音就跟铁笼一起消失了。我不知道它去了哪里，最惨的下场大概就是落入老饕的肚子里吧。但既然生亦无欢，早日死亡脱离苦海，是否是最好的下场呢？我忧伤地如此想着，却也没有勇气走进餐厅去询问。问了又能怎样？人类在地球上强势地主宰着一切，所有的动物生灵只能面对悲剧的命运吧。

写到这里，只能祈求人类的集体灵性可以不断提升和进化，让所有的生命都可以得到善待与幸福。现在已经有相关的动物保护法规，也算是让人欣慰的进步。

生活中无时无刻都存在着各式各样的声音，有时候，声音里的故事比我们眼睛看见的世界更丰富。别让日常的忙碌掩没了你的听觉，每天十分钟，试着听听看。

我听见小狗在打呼。这家伙真好命，我在熬夜赶报告，它却躺在舒适的软垫上呼呼大睡，四只脚还会轻轻抖动，大概正梦见在公园快乐奔跑的情景。它是我的小书童，无论我熬夜到多晚，它都坚持要陪在我身边，我看着它可爱的睡姿，心里暖暖的，不禁微笑起来。

我听见邻居小孩练习钢琴的声音。上班族到了周末就是要赖床，我却每次都被钢琴声吵醒，迷迷糊糊躺在被窝里，直到笑出声来。有一支练习曲他已经卡在同一个地方三个礼拜了，每次弹到这里就中断，接着他就会不断重复练习，听得出来很努力，却一直跨不过障碍。可怜的小朋友，加油啊！

我躺在沙滩上仰望蓝天，倾听海浪的声音，好像大自然的摇篮曲，让人全身放松昏昏欲睡。我在都市里长大，常觉得世间没有永恒不移的事物，没想到花莲七星潭海边夹着海风咸味周而复始的浪涛声，让我突然有一种活在天地间的安心感。

我听到下雨的声音，跑到窗边一看，雨还真大，天空灰蒙蒙的，看样子这雨一时停不了。早上儿子出门时，我叮嘱他要带雨伞，他嫌麻烦把我的话当耳边风，现在果真下雨了，我要开车去接他吗？还是要忍心让他淋一次雨，学一次教训？妈妈的两难，对他又心疼又生气，真不知道该怎么做啊。

现在，你也可以闭上眼睛，静静倾听周遭环境的声音。你听到什么呢？

Note

我听见

我发现……

在课堂上，如果有人抱怨生活很无聊、日子总是一成不变，我会提出一个点子：用"我发现"当作起始句，让大家想一想最近生活里有什么新的发现，特别是对于自己。

于是，话题就热闹展开了。一位有着黑眼圈的朋友说："我发现，这个年纪已经不能熬夜，只要晚睡，隔天整张脸立刻圆起来，水肿得很厉害。"

一位气色很不错的朋友兴高采烈地说：

我发现，练了气功之后，身体真的变好了。以前只要换季或变天，我就开始气喘和过敏，这次寒流来我居然都没事，可以舒服一觉到天亮。真是太神奇了。

一位妈妈说：

我发现，孩子们吵架的时候，大人只要不介入，小孩子自然会用自己的方式去化解。以前我太紧张了，总是赶快居中协调，最近看了一些亲子教养书籍才知道这样做并不明智，父母应该要放手让孩子学习解决冲突的能力。果然，孩子的心性是单纯健忘的，刚刚还吵得面红耳赤，没多久就笑嘻嘻又玩在一起。我也算是学到一课，大人们千万不要管太多，切忌太多管闲事。

一位朋友提到最近在职场里体会到的心得：

我发现，适度拒绝别人很重要。我有一个同事经常因公外出，每次都把他的业务托我处理，让我的工作量大增。后来我发现，他办完公事后喜欢在外面溜达一下，拖延回办公室的时间，因此我拒绝再帮他，请他自己回来负责完成。他觉得不爽，还摆臭脸给我看，但我终于可以准时下班了。敢对别人说NO 的感觉，真好。

经过大家七嘴八舌的分享和回应，每个人才惊讶地发现，在看似平常的生活里，其实有许多新鲜的事物和感悟正在发生。当然，如果能够坐下来写作，就更好了。

我发现自己有一个惯性模式：因为怕受伤而变得退缩。这是不久前跟朋友去逛花市时无意中发现的。那天，朋友逛得很高兴，沿路买了大岩桐、小玫瑰、小雏菊、牵牛花，购物篮里五颜六色好漂亮。朋友问我怎么都不买？我连忙摇手说："我是'黑手指'，很怕把花种死了，不敢买。"朋友爽朗地说："草花多半是一年生，花季过后就死掉，很正常。你就开心欣赏这两个月的美丽，然后再买一批新的就好啦。这样家里的窗台就会一年四季都有鲜花盛开。"我突然发现这就是我的模式，因为很胆小，怕挫折、怕难过、怕受伤，很多事都不愿意尝试。或许我该跟朋友学学，不要那么患得患失，不要为了怕未来伤心就错过现在的美好。

我发现妈妈煮的菜越来越难吃，不是太咸就是太烂。她一直是厨艺高手，轻轻松松就可以变出一桌色香味俱全的好菜，现在怎么变成这样？我刚开始还取笑她，批评她盐巴放太多了，是否看电视入迷忘了关炉火。但有一天突然发现，其实是她老了，她的味觉正在退化，牙齿不好，体力也大不如前，让她的厨艺日渐走样。这个发现让我觉得好悲伤。

我发现自己没有想象中那么软弱。自从决定离婚，我就不断给自己心理建设：我可以用一年时间慢慢疗伤，伤口愈合之后一定要活得比以前更好、更快乐。我带孩子出去玩一趟，回来之后把家里重新粉刷，丢掉很多东西，换了窗帘和一组新沙发，并规划出亲子阅读空间，让屋子焕然一新变得明亮温馨，心情也开朗许多。走过这段辛苦路途之后我很骄傲地发现，自己比想象中更勇敢、更坚强。

这些发现对自己都别具意义。只要带着好奇和探索的眼睛，很容易在生活中发现新鲜的事物，甚至会发现一个意料之外的自己喔！别嚷着说好无聊，一起来"发现"一下吧！

Note

我发现

此时此刻，我觉得……

喜欢佛学和禅修的人经常提到要"活在当下"，这个概念很美，但要做到可不容易。不过，通过书写倒是有一个很简单的方法，只要从"此时此刻"开始写起，就可以把心念和注意力凝聚到眼前当下这个时空。

而心灵写作最重要的目标是觉察自己，所以，我喜欢再加上"我觉得"这三个字，把写作的重心拉回到自身。尤其是心情不好或情绪混乱的时候，用这个起始句来展开书写，可以直接面对内心的情绪，逐渐释放紧绷的压力。

譬如有一天早晨我匆匆出门去赶高铁，跳上地铁之后才发现忘记带手机。我开始生自己的气，于是掏出随身的笔记本开始书写："此时此刻我觉得很懊恼。为何我老是粗心大意？我要去南部旅行三天，没有手机非常麻烦……"低头专注写了十分钟，等我坐上高铁后已经转化情绪，接受现实，决定以潇洒的态度过三天没有手机干扰的假期。

还有一次我坐在医院的候诊室里等待身体检查的结果。我在笔记本上写着："此时此刻我觉得忐忑不安，医院真是一个让人恐惧的地方，我好像要等着聆听一场宣判，很担心听到不利的消息……"我利用书写来直视我的恐惧和焦虑，度过这段紧张等待的时光。幸好一切没事，心中的大石终于放下，立马决定大吃大喝庆祝去，哈哈哈。

我们的心灵就像一片大海，随时随地都有许多情绪如浪花泡沫般起起落落。有时开心，有时难过，有时生气，有时害怕，有时寂寞，有时满怀温情。每一个片刻只要坐下来写作，当下的心情就找到一扇抒发的窗口。

此时此刻我觉得好累。我已经疲倦于吵吵闹闹的婚姻，疲倦于缺乏信任的爱情，疲倦于整天提心吊胆怀疑你的忠诚。既然第三者想要介入我们的家庭，那我是否该选择放手？或者要奋战到底，不让他们得逞？孩子怎么办？要怎么跟孩子解释？如果离婚，孩子会怨我吗？他会觉得我很失败很无能吗？不断的摇摆和困惑让我好累好累。我很怕做错决定，伤了孩子也伤了自己。生命为何如此艰难呢？

此时此刻我觉得很幸福。我在陪女儿画画，她的每一幅画都有一个自编自创的故事，充满了童稚的情节和天马行空的创意，她指手画脚很认真在讲故事的样子好可爱。我怎会生出这么纯真的小天使啊！

此时此刻我觉得火冒三丈。同住一栋大楼的公公婆婆没有事先打声招呼，就直接拿着备用钥匙开门，带着水电师傅从楼上搬了一套不锈钢水槽进来，说还可以用丢掉可惜，要放在我家后阳台。这已经不是第一次了，每次他们都这样随时闯入，也不管白天或晚上，有时候我刚洗完澡或穿得凉快，都让我措手不及、非常尴尬。他们丝毫没有隐私权的观念，什么东西都往我家堆，我跟老公沟通过很多次，他却像缩头乌龟，一直叫我息事宁人，不要那么计较。男人真是不可靠。我已经受够了！我到底要如何让公婆知道我的真实感受呢？

此时此刻我觉得很感动。我很容易手脚冰冷，前天全家一起看电视，节目中提到泡脚的好处，我开玩笑地跟儿子说："你比较有力气，以后要帮我准备泡脚水喔。"儿子摆出很酷的手势说："OK！"没想到刚刚吃过晚饭后，儿子真的端出一桶热水，要让我边看电视边泡脚。我感动到快要哭了，害他很不好意思。这么贴心的儿子，我能不感到欣慰吗？

每个片刻的心情多半稍纵即逝，宛若雪泥鸿爪，但是一旦被文字记录下来，就是生活里一道真实的光影，日后回看，都是生命走过的足迹。此时此刻就是最好的写作时刻。现在就拿出纸笔，从这个当下开始写起吧！

Note

此时此刻，我觉得

自从⋯⋯之后⋯⋯

我从小就很喜欢小动物，但并不喜欢黑狗。没想到，自从无意中收养了一只小黑狗之后，很快被它收服，它一脸傻乎乎非常可爱，每天回家就看到它快乐地飞奔而来，黏在我身上不停撒娇，让我整颗心都融化了。自从爱上它之后，我走在路上只要看到黑狗、黑猫都忍不住微笑，觉得黑色"毛小孩"真是可爱。

"自从⋯⋯之后⋯⋯"是一个蛮有趣的起始句，让我们细数自己的生命之河在哪些时候发生了哪些大大小小的转折点。譬如：

自从上了大学以后，终于摆脱高考的压力和束缚，可以呼吸自由的空气了！

自从过了三十五岁之后，周遭亲友的逼婚压力终于慢慢退散，呼！

自从有了孩子之后，连好好看一本书的力气都没有，好累。

自从爱上露营之后，假日全家出动一起到郊外踏青，跑跑跳跳，接近大自然，孩子不再沉迷 3C 产品，变得活泼又健康。

自从退休之后，我就开始到处去上课，学画画、学跳舞、学西班牙文，享受学习的乐趣。

自从谈恋爱之后、自从失业之后、自从脚踝受伤之后、自从搬到乡下之后、自从爸爸过世之后……生命的每个转折都带来一些新的经验和改变。不过有时候，这份改变自己并没意识到，而是通过别人的提醒才有了自觉。例如这位朋友写道：

> 自从失恋之后，我不再注重打扮，不知不觉越来越邋遢，身材也变得臃肿。有一次碰到好友 J，她看着我直摇头，把我大骂一顿，我才发现原来我伤得那么深，潜意识呈现一种自暴自弃的状态。很感谢好友的当头棒喝，我决定振作起来，重新找回那个爱美的自己。

有时候，这份改变不是凭空而来，而是付出努力才达到的，例如这位父亲的历程：

> 自从儿子转学之后，我们的亲子关系明显变好了。说真话，当初要放弃明星学校的资优班和热门挤破头的才艺班，我确实经过一番挣扎，父母的虚荣心比想象中还要强大。但经过反复考量并且和太太审慎沟通一段时间后，我们决定了最高指导原则：儿子的快乐比什么都重要。如今看到他脸上的笑容，我觉得一切努力都值得了。

有时候，生命的改变带来艰难的处境，需要一段时间才能适应。例如这两位朋友写道：

自从爸爸有了外遇之后，越来越少回家吃晚饭。夜晚的餐桌变得很冷清。我看到妈妈强颜欢笑的落寞眼神，心里很气爸爸。他不只背叛妈妈，也背叛了我，背叛这个家。但我不想求他回头。如果他不珍惜我们，我们何必在乎他？如果妈妈想要离婚，我绝对会支持她。

自从动手术割除乳房之后，我就不再泡温泉了。以前我很喜欢穿细肩带洋装，喜欢跟姐妹们去泡裸汤，喜欢去做精油按摩SPA，这些享受现在我都放弃了。听说有些病友会揪团到日本泡汤，在语言不通的国度比较放得开，但我到目前为止还是无法跨越心理障碍，很怕被别人好奇的眼神刺伤。希望有一天我可以勇敢克服心魔，坦然接受身体的残缺和疤痕，重新享受温暖的大众裸汤池。

还有一位朋友提到心灵写作，让我心暖暖一笑：

自从上了心灵写作课程之后，我就迷上了自由书写，内心有满满的感受一直涌上来。好像被禁锢许久的囚犯突然走出牢笼重获自由，我只要看到什么、想到什么，就想要写出来。早上起床写，中午休息时间写，晚上睡觉前又写，先生很好奇我到底在写什么，我就把文章念出来跟他分享，他觉得蛮有意思，但我邀请他一起写，他却立刻摇手说不要。他不了解我渴望表达的强烈欲望。幸好我跟文友们在网络群组里可以随时彼此分享，互相打气。我不知道这份热情还会持续多久，但我很珍惜现在这种魂牵梦萦的感觉，写得满满的笔记本也让我很有成就感。

感谢这位朋友的分享，自由书写真的会让人着迷呢！如果你的生活正经历着一些深刻的转折，就提笔来写作吧，让文字陪伴你走过这趟心灵的旅程。

Note

自从……之后

第二章

我是谁：

以创意探索心灵

在哈利·波特系列小说《神秘的魔法石》书中，有一段我很喜欢的情节，就是关于"厄里斯魔镜"（the Mirror of Erised）的。这是一面神奇的镜子。缺乏家庭温暖的哈利·波特在镜中看见逝去的父母正含笑站在他身边；渴望得到注意和认同的罗恩，则在镜中看见自己成为魁地奇队长，还拿到了冠军杯。

厄里斯魔镜（Erised）是一个漂亮的隐喻，它其实是"desire"（渴望）的反向拼写，而这正是镜像的作用。在镜框顶部刻着一行谜样的文字："Erised stra ehru oyt ube cafru oyt on wohsi"，看起来很像神秘的咒语，但若倒过来念并挪动字母的位置，就会变成这段话："I show not your face but your heart's desire"（我呈现的不是你的脸庞而是你心灵的渴望）。

镜像原理是一种投射作用，通过光影在镜子上投射的影像，让我们看见自己的形象和样貌。在进行心灵写作的时候，我们也可以运用一些有趣的隐喻和象征。通过投射，我们往往更容易流露真实的自己，倾听到灵魂的渴望、欣喜与叹息。

如果我是一只动物，那我就是……

这是我很喜欢的一个起始句，也是我在心灵写作课堂上最常使用的一个开场白。

如果用一只动物来象征你自己，在你脑海里浮现的影像是什么呢？

这个起始句看似平常，却非常神奇，只要下笔一路写去，某一部分的自己就会清晰浮现。而我也经常被学员们随手写来的灵感和意象所触动。

一个活泼好动的小男孩写自己是一只猴子，因为他最喜欢吃香蕉，还喜欢爬树、荡秋千、跳来跳去。他希望身边有很多好朋友，大家一起吃香蕉、讲笑话、玩耍追逐、打打闹闹，永远不寂寞。

一位内向害羞的小女孩写自己是一只小小的萤火虫，没有什么胸怀大志，只想在黑暗的时候还能够发出一闪一闪的亮光。虽然这道光很微弱，却真实证明了一只萤火虫存在的意义。

一位上班族形容自己是一只小蜜蜂，嗡嗡嗡每天勤做工。他早出晚归，四处奔波，全是为了要收集甜美的花蜜带回去奉献给蜂巢里的女王蜂，让它好好养育下一代。他自嘲说"男人真命苦"，整天为家辛苦为家忙，但这是身为工蜂不可回避的使命和骄傲。

一位退休的职工爸爸写到，以前年轻的他就像一头威猛的狮王，喜欢发号施令，争强好胜，爱面子不服输，严格领导属下全力冲刺，让公司业绩从谷底翻升。现在白发渐生，他逐渐卸下刚强锐气，甘心变身成一只温柔的导盲犬，以耐心循循善诱，陪伴一些缺乏关爱而误入歧途的孩子们，希望他们找到一条光明的路。

越是轻松，没有顾忌，没有包袱，自由书写就越能呈现出真实的自己。通过动物作为象征，心里幽微角落的声音也轻轻往上浮起。

一位因车祸而双腿伤残的少女这样写道：

我曾经是一只快乐飞翔的小鸟，无拘无束，想飞就飞，在天空恣意翱翔。但是如今的我失去了翅膀，只能在地面上缓慢行走，偶尔望向天空，追忆那曾经拥有的自由……

一位罹患罕见疾病的孩子形容自己：

我是一只孤独的鳄鱼。别人都被我丑陋的外表吓到，很害怕靠近我，却不知道我的内心其实很渴望温暖。

一位举止优雅的音乐老师这样写：

我是一只备受呵护的小狗，在充满关爱的环境中长大，乖巧、忠诚，以甜美的微笑回应所有称赞和拥抱。但是，有时候我望向窗外，看到野生狗儿们以天地为帐，在风中在雨中行走奔跑，在阳光草地上爽快打滚，没有包袱，勇敢率性，我也会羡慕它们。我的血液里有一股流浪的渴望，但却被亲情和恐惧重重牵绊，让我只能待在温暖舒适的沙发上，想象天宽地阔的豪情洒脱……

一位对前途茫然的辍学觉得自己是一只毛毛虫：

但我不想变成蝴蝶，只想一辈子蜷曲在黑暗的蛹里，永远不要面对外头的世界。

一位坦率的年轻业务员说自己是变色龙：

我随时可以配合环境变换色彩，跟大家融为一体，不会强出头也不会被排挤。从小就爹不疼娘不爱的，凡事都要靠自己，为了活下来只好练就一身本事，把我丢到什么环境我都不惧怕。

一位在爱情路上不断受挫的轻熟女对自我感到很困惑：

我是一只丑小鸭，从小就胖胖的，长相很平凡。我总是在罗曼蒂克小说的浪漫故事里投射美丽的幻想，期待自己变成天鹅的那一天到来。但是年岁渐长，我开始怀疑我真的会变成天鹅吗？如果我只是从一只丑小鸭长成一只丑大鸭，那我的价值到底在哪里呢？

看了这么多范例，你的灵感是否也开始涌现呢？如果是你，你是什么动物？现在就拿起笔来，跳进十分钟书写的魔法世界吧。

Note

如果我是一只动物，那我就是

如果我是一棵植物，那我就是……

植物依恋着大地，不像动物可以自由移动，但是当我们仔细凝视或观赏一棵植物，却有一种安静的美，心绪逐渐安定下来，在无言的交流中感受到它们存在的能量。

古代文人喜欢以植物来象征自己的品格和气节。莲花出淤泥而不染，象征洁身自爱；梅花绽放在冬季，象征坚忍不畏冰雪；竹子中空有节，代表谦虚的胸怀；兰花空谷幽香，表示君子不求名利自有芬芳。

地球上的植物有数十万种，到处都有它们的身影，类型繁多，姿态万千。你会选择哪一种植物来代表自己呢？

从小就跟疾病共处的年轻女孩写到向日葵。她不喜欢阴郁和悲伤，宁可仰起头来，寻找乌云背后透出的金色光芒，追随那永恒的明亮与温暖：

越是难过的时候，越要用力微笑。有人说我太天真，但是，没有阳光的生命要如何活下去呢？

一位孤僻女孩写到自己像一株含羞草：

我的身形矮小，贴近地面，看起来毫不起眼。我很胆小，只要有人靠近我就很紧张立刻合上叶片，借此保护自己。我也不想如此，但是害怕的本能让我一次又一次地关上心门。

夜猫族设计师的脑海里浮现出乡下奶奶种在院子里的昙花。他习惯昼伏夜出，白天老是萎靡不振、浑浑噩噩，太阳下山后才逐渐回神，精神抖擞，工作效率大增。在他心目中，特立独行的昙花正是他的象征：

想要看到我最神气的样子，一定要在深夜来寻访我。我跟这个世界的韵律是颠倒运转的，有缘与我相见，很好；若是无缘相见，那也是没办法的事。

他想到童年时全家人一面吃东西一面聊天，熬夜等候昙花绽放的回忆，心里涌上一股晕染的温暖。

整天在玻璃帷幕大楼之间穿梭的中年主管，即使在都市里打滚了几十年，却觉得自己灵魂深处还是一棵伫立在南部平原艳阳下的凤凰木：

每到毕业季节骊歌响起，正是凤凰花盛开的时刻。鲜红色的花朵就像青春的火焰，宛若翅膀的花瓣像在鼓舞人们勇敢高飞，努力去开创下一个阶段的人生。当初我们怀抱着各自的理想离开故乡，现在都市里已经很少看到凤凰木，偶尔想到它，就仿佛忆起青春的岁月，有一种淡淡的乡愁。

喜欢爬山的公务员希望自己是一棵傲然挺立于高山之巅的雪松：

我不喜欢人群熙攘，不喜欢世俗繁华和争权夺利，只想静静站在人迹罕见的山顶，迎接日出日落、风霜雨露，看着千万年来时刻变幻的云海翻滚，霞光万千……但人类的脚步不断逼近，我只能祈愿，希望我所容身的苍郁山林可以永续长存，千万不要被短视近利的人类破坏殆尽，当大树死亡了，人类也将无法存活啊！

正在为爱情哀悼的伤心女孩一面写一面掉泪：

我是《小王子》书里的那朵红玫瑰。我任性、骄纵、虚荣、脆弱、依赖、缺乏安全感、自我中心，明明心里很爱小王子，却戴着高傲的面具，不断挑战小王子的耐心，借此确认他的爱。终于，小王子累了，决定离开。我后悔莫及，却还是故作坚强，不愿让他知道我在乎，不肯在他面前流出脆弱的眼泪……

至于我呢，自从学了中医之后就爱上植物的世界，觉得每种花草都充满了珍贵的疗愈能量。如果要选一种植物代表我，那绝对就是艾草了。它看起来很平凡，四处可见，却充满阳性能量，可以驱除邪气、打通经络、招百福治百病，还可以食用，全身都是宝。希望我也有这样的正向特质啊！

此时此刻，你心里是否已经浮现某棵植物的绿意身影呢？

Note

如果我是一棵植物，那我就是

如果我是童话故事中的角色，那我就是……

童话是一个充满象征的世界，虚拟的故事却反映着真实的情感，每一个角色和情节都是真实人生里的某个隐喻或缩影。

譬如三只小猪的故事，有人像第一只小猪懒散马虎（我有时候也会这样，掩面），有人像第二只小猪抱着苟且心态，经不起严格考验（再次掩面），有人扎实牢靠把事情认真做好，一劳永逸（我也有这一面啦，骄傲挺胸）。

至于童话故事里永远的反派大野狼，也有不同角度的诠释。你可以说它肚子饿了，为了求生很努力不懈在打拼（要一直推倒房子也是很费力的啊）；你也可以说它是超级破坏王，就爱唱反调，看到人家盖房子就故意要去推倒。（社会上确实就有这种人，不是吗？）

很多人喜欢赋予童话故事教化色彩，一直告诫大家要吸取两只懒小猪的教训，要学习第三只小猪的勤奋，等等。但是在自由书写的时候不妨轻松些，不管好坏的评断，而是很诚实地看看哪一个角色最能够引起你的联想和共鸣。

例如在《小红帽》故事里，你是天真的小女孩、机警的猎人、虚弱的奶奶，还是吃饱了就爱演戏的大野狼？

在《快乐王子》故事中，你是仁慈善良却没有行动力的小王子？很仗义地在冰雪中替王子实现心愿的傻燕子？还是祈求上苍垂怜希望从天上掉下金叶片的贫穷百姓？

在《木偶奇遇记》故事里，你是不听话爱说谎的小男孩，还是对孩子永远怀抱盼望的孤单老父呢？

"说起来有点不好意思，我觉得自己就像彼得·潘。"三十几岁的单身族写到面对父母逼婚的心情。他的内心眷恋着孩童的轻松、任性和自由，虽然岁月像甲虫一样不断把他的年龄往上堆高，但他却顽强抗拒不想长大，不想背负社会上期待的，所谓成家立业、生儿育女的种种责任。

"我是可怜又傻气的小美人鱼。"一位面临婚姻困境的妻子写道，她在爱情面前总是义无反顾一头栽进去，全心全意付出，直到失去自己：

渐渐我才明白，当我傻乎乎离开了滋养我的舒适海洋，跳上干涸的陆地，就注定了无法呼吸；当我丢弃了珍贵的鱼尾巴，也就远离了真实自我；当我无法发出声音，就注定不会被了解，也不会被疼惜。这都是被爱冲昏头的后果。在挽救婚姻之前，我想要先拯救自己，找回原来的自己。

一位乖巧体贴的女孩说，妈妈脾气发作的时候比巫婆还要可怕，但妈妈哀怨痛哭的样子又让她于心不忍：

如果我是童话故事中的人物，应该是白雪公主吧。并不是因为我很美丽，而是命运相似。从小父亲就在我的生命中缺席，被婚姻遗弃的妈妈缺乏安全感，一直想控制我们姐妹。叛逆的妹妹敢于跟妈妈对呛，而我就成了妈妈最后的依靠。妈妈对我的爱就像毒苹果，让我上瘾，也让我窒息。

还好我有一群好朋友，就像那七个小矮人，他们让我知道什么是欢笑自在和被关心、被爱。但是我不能一直待在快乐森林里，有时候还是必须回去那个充满怨念的家，勇敢汲取毒苹果的汁液，作为一个孝顺女儿的证明。

"我是爱上灰姑娘的王子。"维持单身将近十年的老师写道：

我曾经瞥见过爱情的美丽身影，从此以后我就紧紧握住一只被遗落的玻璃鞋不放，在人海中苦苦追寻。我最近开始怀疑：是否该把过去的水晶鞋丢弃，才能迎接新的爱情来临？

还有一个个性坦率说话很大声的女老板说：

我最喜欢电影《怪物史莱克》中那只粉红色的喷火龙，跟我很像。我看起来强势泼辣，公私分明疾恶如仇，不了解的人都以为我很凶猛很可怕，但我只是坚持原则，尽忠职守保护城堡而已。

我脾气不好，但我先生就像那只很爱讲话的驴子，他看得到我的优点，会称赞我逗我开心。所以喷火龙只要坚持做自己，还是可以找到真爱的。

这一个起始句是不是很有趣啊？！想一想你熟悉的童话和卡通故事，你会选择哪一个角色来代表你自己呢？

Note

如果我是童话故事中的角色，那我就是

如果用一幅画来代表我自己……

在心灵写作的课堂上，有时候我会搭配自由绘画，请大家拿起蜡笔在一张A4白纸上画出一幅图案或意象来代表自己。

就跟自由书写一样，在绘画时不必担心画得好不好、像不像，只要抓住脑海中浮现的直觉和意念，随手画出来就好。这不是画画课，重点是要以具体的画面来表达此时此刻你对自己的感觉。

有人画了一只八爪章鱼，小小的身体却伸出许多长长的手臂在四面八方飞舞，分别握着菜刀、炒菜锅、书本、电脑、孩子、钞票、扫把、病床上的老人。这幅画清楚刻画出了一位职业妇女的忙碌：

我看着这幅画，发现自己真的很厉害，应该为自己点一万个赞。

有人画了一个房子，屋里的书桌上有一台电脑：

宅男的世界很小，一方荧幕就足以容纳；宅男的世界很大，无国界、无时差、笑傲江湖、纵横天下。

有人画了一颗红色的心，上面布满了灰色的裂纹和黄黑凌乱的枯草，夹杂着几片小小的绿叶，有几滴雨水落下。她写着：

荒芜的心，渴望一场倾盆大雨，在滂沱的眼泪里，等待新芽重生。

有人画了一颗闪着七彩光芒的钻石，外面被一层黑色矿物包裹着：

我愿意迎接生命各种历练，把外在的灰砾和束缚磨掉，露出内心灿烂的光彩。

有人画了一团混乱的毛线球，以及太阳系的行星图：

别人都在正常轨道上好好运转着，我的脑子却不断打结，理不出头绪和方向，越急越乱成一团。

有人画了一盏孤独的街灯，照射出温暖的光芒：

白天的时候没有人会注意到我的存在，但是当黑夜降临，人们就需要我帮忙照亮道路。这是助人工作者的画像。

有人画了一只小恶魔，头上长角，脸上带着微笑露出两颗尖牙：

我平时看起来很和善，但不要以为我好欺负。惹到我就一定让你不好受。

有人画了三朵云，白云带着问号，红云带着笑脸，黑云带着闪电和雨滴，下方的绿色草地上有一个躺着的人影：

我是天空的浮云，随风飘荡，无法决定自己的方向。有时候开心，有时候困惑，有时候哀伤。当我感到沉重时，就跟着闪电一起怒吼，化成雨滴一起流泪。但是当我落到地面，仰望天空时，又觉得每一种云朵都很美丽。转换心境，看到的世界就不一样。

一位罹患罕见疾病的朋友画了海边的黑色礁石和灰色浪花：

我的身体从小就一直生病一直打针吃药，就像崎岖不平的礁石，日夜接受冰冷的海水和潮汐的无情拍打，一波接着一波永无止息。我的身上千疮百孔，布满许多坑洞和锐利棱角，人们若想靠近我，不小心就会被割伤。但我不是故意的，这是我的命运。我只能勇敢咬牙接受海浪的侵袭与挑战，并且自我安慰，没有我的顽抗，就不会激起那些飞溅跳跃的美丽浪花。

而我的自画像几乎每次都有一棵大树。有一次，我画了一棵枝干粗壮的大树，树根嶙峋有力地抓着黑色的大地，树上的茂密绿叶间点缀了五颜六色的花朵。我这样写着：

我的童年有很多艰困的阴影，但我还是努力长大，把枝干伸向我所向往的天空。这些花朵是我喜爱的事物们：写作、看书、电影、歌仔戏、占星、旅行、中医、棒球、心爱的毛小孩。这些快乐的嗜好让我觉得活着真好，生命充满新鲜的乐趣。

还有人画了一个轻盈的舞者，在太阳、月亮和星辰间跳舞。这是她内心的小宇宙；有人画了一颗小小的种子，象征心中的梦想，安静蛰伏在黑暗大地的缝隙中，等待雨水的灌溉和阳光的照拂，等待春天降临，等待发芽。

至于你的自画像，将会出现怎样的画面呢？

Note

如果用一幅画来代表我自己

我的面具是……

在这个世界上大概只有初生的婴儿不用戴面具吧。小婴儿是生命最单纯的存在。饿了、渴了、不舒服了、孤单了、害怕了，就哇哇大哭；想尿就尿、想便就便、想睡就睡，想吃就吃，不想吃的东西就吐出来；看到喜欢的人就笑，看到陌生人或不喜欢的人就别过脸去，如果你想要勉强他，他就清楚表态生气地把你推开。这是生命中难得短暂可以自在、坦率、纯真的阶段。

稍稍长大之后，孩子渐渐学会机灵，懂得看人脸色了。难过的时候会忍住不哭；为了得到赞美和拥抱，会露出讨好的微笑；为了避免惹人生气，会把真实感受吞进肚子里；学会说好听的话，学会隐藏，学会迂回试探、拐着弯做事以避免直接冲撞。越来越多的面具挂在脸上。

面具是社会上的生存法则和艺术，也是群体生活的必要公约数。面具保护自己也保护对方，避免彼此的心灵过分赤裸地相见而导致碰撞。只要不失去真实的自我，戴面具不见得是坏事。

每个人的性格和成长环境不同，选择的面具也不一样。有的面具很软很薄，可以呼吸也容易穿透；有的面具很硬很厚，戴上了就不容易拿下来，让自己渐渐忘记面具背后的真实脸庞。且看看这些朋友对于面具的书写。

我的面具是微笑，不论发生什么事我都尽量保持微笑，大家都称赞我 EQ 很高。其实我有时候也会不耐烦或觉得某人很过分，心里有很多烦恼，但是我不喜欢把负面情绪带给别人，别人也没必要承受我的坏心情。反而越难过的时候越要打起精神，以微笑面对一切，心情好像也会变好一些。

我的面具是坚强。我穿着强壮的盔甲扛起各种责任，总是报喜不报忧，从不喊苦喊累。如果我不够坚强，如何让公司和家人安心依靠？当然我也有疲倦和软弱的一面，但是我不会沉溺其中，以前我会喝酒解闷，但那不是好的做法。现在我会去爬山、游泳、练拳，把郁闷发泄出来。

我的面具是沉默。这不只是一个面具，已经是我性格的一部分。我不习惯跟人分享我的感觉和个人隐私，宁可跟人保持适度界线，以免互相干扰牵扯不清。我不想评论别人，更不愿意被人评论，保持沉默是最好策略，可避免人际上很多困扰。

我的面具是开心果。我很爱讲话，有点人来疯，在别人面前总是嬉嬉笑笑，从小学到大学一直被选为文艺委员，很会策划各种活动让大家开心。留学念书以后，刚开始语言还没上轨道，整个人变得很没有自信，一直找机会约同学吃饭和参加活动，很怕别人忘记我的存在。我这才发现爱热闹的面具背后其实是害怕寂寞，很渴望朋友的赞赏和认同。

我的面具是叛逆者，专门用来对付妈妈和讨厌的人。妈妈老是戴上受害者的面具，好像跳针一样重复说着她有多可怜，都是为了我们才忍耐没离婚，我们却不听话伤了她的心，等等。为了让她停止抱怨，我就戴上叛逆的面具，不愿意她利用她的痛苦来控制我。还有一些讨厌的人，老是摆出权威的面具，好像他们什么都懂，什么都对，把我当作笨蛋，这时我的叛逆面具又会登场，告诉他们不要自以为是。虽然叛逆面具经常为我惹上麻烦，但我宁可被责骂、被误解，也不愿意戴上乖乖牌的面具，听任他们摆布。

我花了很长一段时间才拿下完美主义的面具。以前的我绝不容许自己犯错，绝不可以在别人面前认输或出丑，连出门倒垃圾都要打扮整齐涂个口红，时时表现出优雅愉快的高昂姿态。直到带着孩子去做心理治疗，我才慢慢拿下完美的面具，学习当一个不完美但可以跟孩子一起哭一起笑的妈妈。

你呢？你是否也有一个经常戴着的面具？它是什么样子呢？

Note

我的面具是

其实我是一个……

讲完了面具，接着来看看在面具底下的你，到底是怎样的一个面貌？

我很喜欢戏剧，有时候我会请大家想象：眼前有一个小小的舞台，四周灯光全暗，只有一束光线打在你身上。世界寂静无声，你独自一人，慢慢在舞台上来回踱步，然后抬起头来凝望前方，对着空荡荡的一片黑暗，开始展开内心独白，真诚述说自己的心情。这时候，你想说些什么呢？

有一次，我是这样写着：

其实我是一个很矛盾的人。有时候乐观开朗，像一株向光植物，本能地朝着阳光之处伸展，有时候又很悲观厌世，感到无穷的绝望。在别人面前，乐观的我经常跳出来，开朗明亮温暖；但是当我安静独处，不知不觉就往悲观的一端默默倾斜，静静沉入灰暗的迷雾中。乐观与悲观，宛若白昼与黑夜，阿波罗与戴安娜，轮流在我心里登场，任何一面都无法代表全部的我。

内心独白是戏剧的用语，如果大家放得开，可以像演员一样把自己的书写表达出来。方法很简单，只要在教室前方划出一个空间当作舞台，请每个人轮流上台，以读剧的方式，跟观众分享刚刚书写的内心独白。刚开始难免有点害羞，但尝试过后就会发现，以戏剧的感觉呈现自己的写作，其实蛮好玩的。

于是，第一位朋友上台，深吸一口气，然后低声念出：

其实我是一个缺乏自信的人。我的外表很阳光，但内心很软弱，不知道自己要什么，想依赖别人又害怕被讨厌。我很胆小，害怕做错事、说错话，害怕大家不喜欢我，害怕被排斥、被孤立、被批评，遇到不公平的事也不敢反抗，不敢面对冲突，不敢说出真心话。我很羡慕独立坚强的人，希望有一天我也可以勇敢活出自己。

第二位朋友上台，笑一笑，大声地读出文章：

其实我是一个心很软的人，虽然我看起来凶巴巴，讲话有点毒舌，但那是因为我有坚持的原则。我认为人应该先自助才能得到人助天助，有些人自己不够努力，却一天到晚想要依赖别人，对这种人我绝不会给好脸色看。但遇到真正需要帮忙的人，我不会冷漠袖手旁观。有些人心软却毫无原则，结果变成滥好人，那绝对不是我的作风。

第三位朋友上台，态度蛮轻松：

其实我是一个多动症患者。我从小就很迷糊，记性很差，上学经常忘记带书包和便当盒，回家忘记写作业，考试忘记带准考证。长大后还是一样，出门上班常忘记带皮夹和钥匙、忘记跟客户开会的时间、报账的发票也一团混乱，老是被会计小姐骂。有朋友是心理师，他建议我去做成人过动量表，我才知道我有注意力缺失（ADHD）的倾向。原来我的迷糊并不是我故意不负责任或太糟糕，而是大脑天生的缺陷，让我感到如释重负。

此时此刻，幕已拉起。如果你站上这个简单的舞台，你想要说出怎样的独白呢？

Note

其实我是一个

我最大的优点是……

过去的华人社会很强调谦卑为怀，人们很少会主动赞美自己，受到称赞时还会立刻客气推辞："过奖了，我没那么厉害。""这不算什么，你嘴巴太甜了。"很不习惯承受别人的赞扬。

但现代社会不一样了。"你最大的优点是什么？你最欣赏自己的特质是什么？"在应征工作或自我介绍的场合，经常会提到这个问题。一味的谦虚已经不合时宜，真实地了解自己，坦率地欣赏自己，才是王道。

在课堂上，这个起始句总是唤起大家的自信能量。听着每个人对自己性格的正向肯定，真的蛮开心啊。例如：

我最大的优点是诚实。我讲话很坦白，受不了虚假，或许有时候不太中听，但是久而久之朋友们都知道我不说假话，彼此之间的相处变得很简单，大家都真诚相见，友谊更经得起考验。

我最大的优点是善良，或者说，我努力坚持一颗善良的心，不要被偏见、嫉妒、恐惧和傲慢污染。以前听过一个笑话："如果你在一个女孩身上找不到任何优点，至少称赞她善良吧。"但我倒觉得善良是很珍贵的美德，也是我最在意的做人原则。

　　我最大的优点是认真，想做的事一定全力以赴。上班时认真工作，下班之后认真陪伴家人，连运动也很认真去执行。为了保持健康，我每周至少运动三次，平日跑步、游泳、做健身操，周末就全家出动一起骑自行车、露营、登山、跑步。趁着孩子还小，父母要多陪伴他们，以身作则做出良好示范，看到孩子们健康活泼，文武双全，能动能静，做事有头有尾不会半途而废，我感到非常欣慰。

　　我有很多优点，简直"罄竹难书"，呵呵呵。譬如我很容易快乐，喜欢交朋友，爱讲笑话，很愿意鼓励和支持别人，很感性，愿意成长，乐于分享，心很软，有同理心，很有主见很独立。其中最大的优点就是乐观吧。每次碰到很无聊或很挫折的事情，我当然也会难过沮丧，但我相信老天爷一定会帮我的，只要这样想，心就安了，又有了继续努力的动力和希望。

　　最后，我要摘录一段让我爱不释手的文字。这是一位罹患罕见疾病的少女"轮椅上的钻石猫"写的，她当年参加心灵写作课程的时候才十二岁。

　　我最大的优点是不在乎别人的眼光。
　　因为不在乎别人的眼光，才让我得以大大咧咧地走出来，毫无畏惧的享受外面的世界。

因为不在乎，让我走出家门，让我去玩，让我去外面学习，争取无障碍、努力地让大众看见我的故事。因为我想让大众知道，就算我身有罕见疾病，虽然我坐轮椅，但我也是人，我也是存在这世上的一个小女孩，还有其他人像我一样，身有罕见疾病，却被人多势众的正常人给埋没了。

每当其他孩子盯着我瞧时，我也反盯回去，因为我不在乎，因为我知道他不认识我，他不知道我的故事。如果他跑来问我妈我的故事，那最好，因为这样他就会了解我的故事，就会看到我正向的那一面，而不是外表上娇小的虚弱女孩。

我从来不在乎别人的眼光，或许是因为我一直都是天真的女孩，不会嫉妒别人的好，遇到挫折或失败时也不会退缩，反而越想去试着把它完成。

或许因为我不在乎，所以在外面总是很快乐，总是可以玩得嘻嘻哈哈，只是回到家的下场就是瘫在地上。

虽然体力不好，但外面的活动总是可以吸引我，让我奋不顾身地前去参加，让我忘记背架压迫的疼痛。

我虽然不知道是什么原因让我不在乎别人的眼光，但这就是我的优点。

是不是充满正向能量、自在坦率又纯真可爱呢？果真文如其人。这个才华横溢的勇敢女孩让我印象非常深刻。

那么，你最大的优点是什么呢？

Note

我最大的优点是

我最大的缺点是……

赞扬过自己的优点，接下来换缺点登场啦。世界上没有人是完美的，不论你身上有多少优点、你是多么欣赏自己，总难免还是有些弱点和罩门吧！我常做一个比喻：缺点就像恼人的小昆虫，不时在我们的个性周遭飞来飞去，发出嘤嘤的嘈杂声，很烦人却又挥之不去。你对自己的缺点也有这样的感觉吗？以我自己为例，其实我还蛮多缺点的（叹气）。我有一次的书写是这样的：

> 我最大的缺点是懒惰、闲散、慢吞吞。我不喜欢急躁匆忙，看到拥挤喧哗的场合能闪就闪，强调竞争的游戏和比赛很快就放弃。我的抗压性还不错，但如果一直催逼追赶我就容易紧绷焦虑。所以我没什么雄心壮志，只希望随性过日子，与世无争。

课堂上一位朋友听到我的分享后哈哈大笑，因为她的弱点刚好跟我相反：

> 我最大的缺点是脾气不好，只要有人慢吞吞、拖拖拉拉或犹豫不决，我就很不耐烦容易生气。我不是故意的，也常常懊

恼和后悔，但不知为什么内心好像藏着一座活火山，火气很轻易就冒上来。

她补充说，现在年纪渐长，很努力在修正脾气，提醒自己要有耐心、要尊重每个人的节奏和步调。为了克服急躁的缺点，她想去参加正念静坐课程，帮助自己慢下来，修身养性。

这位朋友的自觉和努力很值得赞赏。书写自己的不完美，并不是要严厉批判或责难自己，而是如实看见自身的弱点，以柔软的心接纳自己性格上的坑坑洼洼，承认它，拥抱它，但尽量不被它牵着鼻子走。这可不是容易做到的修为啊！

当每个人轮流朗诵着自身的缺点，气氛也变得越来越轻松。我笑说，干脆来举办一场"缺点市集"，大伙儿把各式各样的缺点都在自家摊位上坦荡荡陈设出来，不怕丑、不怕羞，天下哪有零缺点的圣人呢？这么一想，就可以轻松打破完美主义的魔咒。

我们这就到几个摊位上逛逛，看看大家都写了些什么？

我最大的缺点是粗线条，经常少一根筋。出行前夕才发现护照过期，汽车牌照因为忘记缴费被吊销，讲话很直白得罪人自己都不知道，老是被同事取笑。女友换发型和买新衣服我不会注意，她心情不好我也没察觉，每次都被骂到臭头。我不认为这是很严重的缺点，却带给我蛮多困扰，真是头痛。

我最大的缺点是脸皮薄、胆子小、玻璃心。我不容易交朋友，喜欢一个人独处，看书、听音乐、看电影、玩电脑，活在自己的小世界比较自在。

我最大的缺点是缺乏自信。我内心有很深的空洞，经常自我怀疑，觉得自己不够好、不够聪明。我不喜欢当主管发号施令，因为很怕做了错误的决定，我承担不起失败的责任。每次有人赞美我，我就觉得心虚。我好像外星人，在地球上活得很疏离，不敢大声说话大口呼吸，有一种无根无依的漂泊感。

我最大的缺点是悲观，遇到事情总是先往坏处想，其实是害怕失望，因为期待越高，万一落空就越难受，干脆先打预防针，预想最坏的结果。其实这样也没什么不好，但朋友们都说我非常无趣，笑我是冷水大队长，内建悲观，程序无误。

我的缺点很多，其中最糟糕的就是缺乏行动力。我想去游泳，结果夏天一转眼就过去了；我迷上日剧，想利用下班时间去学日文，但每天都很累就算了；我想把阳台栏杆重新除锈油漆，上网研究 DIY 工具之后就把这事忘得一干二净。我有很多不错的想法和创意，却很少付诸实行。唉！

在你的摊位上，你要跟大家分享哪些缺点呢？

Note

我最大的缺点是

如果我是一本小说，书名是……

喜欢写作的朋友通常也喜欢阅读，跟文字很亲近。所以我在课堂上有时候会以书本为灵感来设计起始句："如果我是一本小说，书名是……"

小说就是故事，述说着主角们的性格与追寻，以及他们所经历的种种情节。在心灵写作时，第一主角就是我们自己，借由这个起始句，我想让大家找出自己生命的核心主题，看见自己一路走来的成长轨迹。

为了帮助大家进入状态，在书写之前，我会请大家以五到十分钟的时间，回看自己的成长历程，列举出影响自己人生最重要的几个关键事件和转折点，并且在每一个关键事件中，简单标示出你经历了什么？改变了什么？学到了什么？对你的影响是什么？……相信直觉，不必想太多，只要列出重点就好，最重要的是站在回顾的高度，看着自己在每个不同阶段的成长与转变。

做完简单的回顾之后，就顺着当下的灵感，提笔为自己的生命故事命名。每一次，大家临场写出来的书名总是让我惊喜，太有创意啦！

有些朋友会以自己的名字为灵感，例如名字中有"玫"字，书名就叫《我的玫瑰人生》，名字有个"芳"字，书名就是《绽放属于自己的芬芳》，名字有个"龙"字，书名就是《龙的追寻》。

有些朋友以自己的工作和梦想为题，例如《香香公主》《数字是我的城堡》《爱美》《心灵花园》《孩子王》。有些朋友以心灵成长为题，例如《蜕变》《拥抱自己》《黑暗中的烛光》《带着爱一起旅行》《破茧而出》《孤僻者的独白》。看看这三个例子的片段：

如果我是一本小说，书名就是《勇敢傻女孩》。以前奶奶在世的时候老是叮嘱我："要学聪明点，不要傻乎乎被骗，社会上坏人很多。"在她心目中我一直是个单纯天真的傻女孩。但我傻人有傻福，成长过程中遇到很多贵人，当我青春叛逆时，有好老师愿意包容我；刚出社会当菜鸟时，有热心前辈愿意带领我；在你争我夺的职场上，我很幸运碰到一群热血仗义的好朋友；现在担任主管责任重大，幸好身边围绕着优秀的同人和厂商。每次我心怀感激时，就会抬头跟天上的奶奶说："不必担心。我很努力，也很勇敢喔！"

如果我是小说，书名是《想飞》。我经常做飞翔的梦，梦中的我有时候在高空翱翔，有时候贴着地面飞行，醒来都觉得蛮开心的。我渴望自由，无拘无束，想做什么就做什么，想去哪儿就去哪儿，所以我选择单身，不想受到婚姻家庭和性别角色的束缚，最喜欢出去旅行，每次来到机场，心情就不由自主轻松飞扬起来。

　　我的小说书名是《打击魔鬼》。我遇到的第一个魔鬼是自卑。小时候我身材矮小瘦巴巴又戴着近视眼镜，数学、体育、美术、音乐、画画通通不行，别人是十项全能我却是样样不能，只有作文成绩不错，后来我当上宣传委员创办了班刊，才终于找到自信，打败了自卑这个讨厌鬼。

　　我后来又陆续收服了许多只魔鬼：青春期多愁善感的叹气鬼、大学时代暗恋同学时的退缩鬼、谈恋爱时老是惹哭女友的粗心鬼、失恋时自怜自艾的爱哭鬼、爱买名牌的虚荣鬼、工作倦怠时的懒惰鬼……关关难过关关过，勇敢挑战心中的各种魔鬼，这就是我的精彩故事。

　　至于我自己呢？每次书写都有不同的感觉，脑中蹦出来的书名都不一样。其中有一个我很喜欢的书名是《从"小大人"到"老小孩"》。我小时候是个典型的小大人，静静看着爸爸、妈妈、爷爷、奶奶的辛酸劳苦，很自然变成一个不吵不闹、顺服听话、善良体贴、自我压抑的乖孩子，从不主动要求什么，不敢增添任何麻烦，一心一意想要减轻爸妈肩上的重担。现在已届中年，开始逐步释放童年的忧伤，把那些根深蒂固的压抑、担忧、恐惧、顾虑通通放下，重新学习像个孩子般想哭就哭，想笑就笑，单纯自在，轻松任性，把几十年前失落的童年弥补回来。

　　你想好了吗？你想为自己的小说取什么书名呢？

Note

如果我是一本小说，书名是

第三章

记忆之河：

跟过去的自己相遇

　　生命宛若一条蜿蜒曲折的长河，从过去时光里的诸多因缘际遇一路汇流而成今日的自己，然后继续往未来奔去。

　　人们常说："时间一去不复返。"然而，心灵的世界却不是线性的，而是不停地翻腾往返。过去的种种记忆和光影，往往不期然就会在眼前的此刻栩栩如生地浮现。

　　或许时间不可逆转，生命也无法逆转，但是在书写的当下，我们却可以跟过去的时光一次次重新相遇。

　　我们可以跟昔日的自己一起大笑、一起拥抱、一起吼叫、一起哭泣。

　　我们也可以拍拍过去那个还不够成熟而显得莽撞、软弱、胆怯、害怕、无知、不断犯错的自己，带着微笑跟他说一声："没关系的，一切都会过去。你辛苦了。"

小时候我是一个……的孩子

以前我在杂志社工作的时候，经常因为采访而倾听人们的生命故事。我发现，只要谈到童年，不管几岁的人都会流露出不一样的神情，仿佛有一部分的自己又回到小时候，用孩子的眼睛张望身边的世界。

每个人的内心都住着一个孩子。即使我们已经长大，离童年越来越远，但是久远以前那个小小的身影却从未离去，一直活在我们心底。

小时候，你是一个什么样的孩子呢？每次在课堂上，当我把这个起始句写在白板上，空气中总会出现一刹那的寂静。开始书写后，空间里荡漾着一种奇妙的专注和温柔。有人的嘴角泛起微笑，跌入童稚的世界里；也有人的眼里慢慢溢出泪水，甚至像晶莹的珠串般一颗颗滴落下来。

在这短短的十分钟书写里，每个人都重新遇见了小时候的自己。碰到这种充满情感能量的主题，为了鼓励大家勇敢分享，我常会以自己的书写率先开场。有一次我写到我的右脚：

小时候我是一个很自卑又骄傲的孩子。我的右脚行动不便，没办法跟其他小朋友一起跑跑跳跳，只能站在旁边看着，无法参与那些好玩的游戏。但我是如此好强，总是以微笑掩藏心中的落寞，然后转身一跛一跛离去，假装对玩乐没有兴趣。我以骄傲的

111

姿态压抑了爱玩的渴望，渐渐变成一个很爱看书却不会玩也不敢玩的小孩，沉浸在书本世界里寻找想象中的欢笑和自由。

接着，很多朋友也陆续分享了：

小时候我是一个孤单的孩子，因为爸爸工作的关系，我们经常搬家，每隔一两年我就要重新适应陌生的学校、陌生的老师和同学，好不容易记住大家的名字却又要转学了。每次看见同学们彼此熟悉而轻松地打打闹闹，我都很美慕，我一直没机会交到好朋友，像个找不到归属感而不断漂泊的局外人。

小时候我是一个可怜的孩子。爸妈感情不好，常常吵架甚至大打出手，妈妈不爽就离家出走，最黏妈妈的我伤心大哭，结果就换我挨揍。爸爸还常常逼问我："你要爸爸？还是妈妈？"笨笨的我每次都老实说出"要妈妈"，爸爸气得把我和一只小行李箱丢在黑黑的小房间里，叫我跟妈妈走，他再也不理我。爸爸还会故意说："等你妈妈回来，我要揍死她。"小小的我听到这样的话，吓得整夜都不敢睡，一直想要逃出去警告妈妈，叫她千万不要回来。

现在我长大了，这些混乱的童年早已淡出记忆，今天写着写着，突然想起那个年幼脆弱而充满恐惧的自己，突然感到一阵心酸和疼惜。

在课堂上，我不会强迫大家一定要在大团体里分享文章，我通常把决定权留给每个人自己。但是针对这个起始句，我会请每个人把文章的第一个句子念出来，然后写在白板上。于是，一个个在记忆里尘封许久的小小孩纷纷在大家面前蹦跳出来。

"爱幻想的孩子""自尊心很强的孩子""体贴懂事的孩子""顽皮好动、很爱讲话的孩子""粗心大意、少根筋的孩子""害羞的孩子""不善表达的孩子""缺乏信心的孩子""胆小退缩的孩子""不爱念书的孩子""爱面子、爱逞强的孩子""很会打架的孩子""体弱多病、经常住在医院里的孩子""叛逆易怒的孩子""体育很棒的孩子""爱哭的孩子""多愁善感的孩子""害怕被遗弃的孩子""常常被欺负的孩子""别扭的孩子""孤僻的孩子""活泼开朗的孩子""天真的孩子""爱撒娇的孩子""人人称赞的孩子""不想长大的孩子"……

看着写满的白板上这些来自童年记忆里的孩子们，我总是深吸一口气，被深深感动。这些孩子们都很努力地长大了，变成今天坐在课堂里的大人们。通过这次写作，我们可以抱抱心里那个孩子，给他一个鼓励的微笑！

此时此刻，你是否也想起了自己小时候的模样？你曾经是一个什么样的孩子呢？

Note

小时候我是一个……的孩子

小时候，我很熟悉的一种味道……

在法国知名小说《追忆似水年华》里，作家普鲁斯特被一块小小的玛德琳蛋糕所触动，开始追忆起童年的时光。

我们的许多记忆并不是储存在大脑，而是深深埋藏在身体细胞里，所以是很感官的、很身体性的。童年的许多事物看似早已遗忘，但其实它们并未消失，只是静静躺在某个不知名的角落，直到我们不期然听到一个声音、一首歌，闻到一种气味，吃到一种口感，瞬间让我们跌进记忆之河，久远以前的画面和情感突然苏醒，从心底涌现。

今天，我们就来写一写童年时代熟悉的味道吧。我念小学的时候经常到菜市场里帮忙妈妈卖菜，但是长大之后我完全忘记了这一段童年经历。直到有一次自由书写的时候，才突然想起：

小时候我很熟悉的一种味道是菜市场里混杂着菜叶、鸡鸭鱼肉、各种小吃和人潮熙攘往来的热闹气味。那时候妈妈每天清晨天还没亮就骑着粗壮的铁马出门，到火车站附近的批发市场买菜，把后座的大竹篓塞得满满，载回住家附近的菜场贩卖。每个周末我都到菜摊帮忙，招呼客人、称重、加总、算钱、找钱，心算速度越来越快，很受妈妈和客人们的夸赞。

直到今日我还是很喜欢逛传统菜市场，即使到其他地方旅行，每次看到当地的菜市场也一定会跑去逛逛，闻到新鲜蔬果的香味、看到人们热络互动的画面、听见此起彼落的叫卖和闲话家常，就觉得很亲切。原来这是来自童年的记忆。

科学家已经证明，嗅觉和味觉的记忆可以唤醒童年的情感，与昔日的时光重新连接。而这些内在的记忆和情感又与外在的环境时空息息相关，海边长大的孩子永远记得大海的气息，乡下长大的孩子永远记得稻田和果树的香气。即使童年时代的景物已经物换星移，但只要闭上眼睛，消逝的世界又再次在心里重现。

小时候最熟悉的是海风的味道，咸咸的、黏黏的，带着淡淡的鱼腥味，还有渔船的噗噗声和柴油味。说来好笑，我虽然在海边长大，小时候却不会游泳，因为爸妈一直告诫我们不准去海里玩，太危险。其实小孩子只要在岸边堤防上玩耍追逐，在海风声中大笑大叫，看着辽阔大海就觉得很开心。好天气的夜晚全家常常坐在海边烤鱼、聊天、泡茶、嗑瓜子，我和弟弟躺在沙滩上仰望星空，有时候不知不觉睡着了，梦里都是海风的味道。好怀念那样的童年时光。

小时候住在眷村，最熟悉的味道是傍晚时分家家户户传出的饭菜香，空气中飘散出葱蒜、辣椒、酱油爆香热炒的浓郁油烟味，李伯伯家在卤肉、陈妈妈在煎鱼、张奶奶家有糖醋和酒

酿、胡爷爷家有腌制酱菜……这些香味伴随着向晚的天光，搭配着大人们此起彼落的叫唤声，还有小毛头们各自分头跑回家的身影，是我永恒的乡愁。

小时候印象最深的是奶奶房间里的樟脑丸味道。我排行老大，弟弟妹妹陆续出生后，爸妈房里睡不下，就叫我搬去跟奶奶睡。奶奶房里有一个很大的木头衣柜，家里的棉被、冬衣都放在里面，经年飘散出浓浓的樟脑味。我常捂着鼻子说好臭，被妈妈听见就会被痛骂，奶奶却笑眯眯地说，没关系，慢慢就习惯了……奶奶过世后，我们也搬离了老家。现在我只要闻到樟脑丸味道就会想起奶奶慈祥的笑容，昔日刺鼻的气味也变得跟童年一样温暖。

小时候的厨房有一口大灶，我是小伙夫，每天都要坐在灶口的小板凳上负责添加柴火，木柴烧得炽烈旺盛劈拉作响的热气混杂着厨房里煎煮炒炸的香气，是我最熟悉的味道。大灶的两个炉口一个炒菜，一个煮饭，大火煮出来的米饭底部有焦香的锅巴，是小孩子抢着吃的零食，米饭熟了以后就换成烧开水，幽暗的厨房弥漫着水蒸气的湿润与迷茫。到了年节，这口大灶更是身负重任，蒸煮出各种美食：草仔粿、红龟粿、粽子、年糕、萝卜糕、炖补汤、三牲五礼……真是一个让人垂涎的魔幻空间。这样的大灶现在几乎都消失了，真让人怀念。

关于味道的记忆不一定都是美好的，也有朋友写到童年经常闻到很臭的猪粪味、让人头昏作呕的化学工厂臭气、洒过农药之后空气中飘浮的毒素气味……这些不舒服的记忆让人更珍惜清新空气的珍贵。

你记忆中的童年气味是什么呢？

Note

小时候，我很熟悉的一种味道

小时候，爸爸（妈妈）经常跟我说……

小时候的我们，单纯、敏感而脆弱，全心全意依恋着父母，把父母当作全世界。我们仰望父母所做的每一件事，相信父母所说的每一句话，努力想要达成他们的期望，借此表达我们对父母的爱，也借此来证明自己值得被爱。

然后我们长大了，逐渐以不同的视角来理解父母。当我们想起小时候父母常说的话、那些一再重复的唠叨与叮咛，对今日的自己有什么影响和意义？这是一个很值得书写和探索的主题。

我记得小时候，妈妈经常感叹地说："女孩子一定要念书，学历越高越好。"妈妈童年时没机会读书，她其实很能干、有志气，做事比爸爸更踏实利落，却因为不识字而让生命受到很大限制，这是她心头难以磨灭的遗憾。我从小功课好，就成了她津津乐道的欣慰和骄傲。

所以我每次碰到不爱念书的孩子总会鼓励他们："成绩不好没关系，但一定要学会阅读和书写。阅读可以扩充视野，知道生命有各种可能性，书写可以表达自己，让生命不寂寞，并且训练思考。只要能读能写，就拥有自主学习和不断成长的机会，什么都不用怕。"这是妈妈透过她的人生送给我的珍贵体悟。

有一个朋友是美食家，她说这要归功于家传的习性：

小时候，爸妈最常说的一句话是："吃东西不要省，想吃什么就尽量吃。别怕，吃不穷的。"我们家境只是小康，日常用度都很节省，唯独吃饭从不吝啬，把全家人的嘴都养刁了。长大后我才懂得，爸妈走过战乱流离的时代，再珍贵的财物和情感都留不住，到最后，只要全家人坐在一起好好吃饭，就是他们那一代人所能追求的最大的幸福。我现在很珍惜跟爸妈一起上馆子，或挤在厨房里做菜的时光，并且以身为老饕的女儿为傲。

父母在孩子心里留下的并不全然是正向的话语，也有不少朋友想起不快乐的记忆。一位朋友写道：

小时候妈妈经常碎念我："女孩子要坐有坐相，站有站相，意见不要那么多，闭上嘴巴，多做家事，不然会嫁不出去。"这些唠叨让我很反感，甚至跟妈妈顶嘴："女孩子活着只为了嫁出去？那我一辈子不结婚，可以吧！"结果我找到一个很爱做家事的老公，让妈妈跌破眼镜。

不快乐的父母很容易把自身的焦虑和痛苦扩散到子女身上，为孩子的童年带来负担和阴影。有两位朋友写到父母婚姻对自己的影响：

小时候，爸妈每次吵架就会说："我们要离婚，你要跟谁？"弟弟妹妹都很害怕，立刻大哭说要跟妈妈，让我左右为难，我也想选妈妈，但这样爸爸太可怜了，我好像应该投爸爸一票，又怕妈妈会生气。我一直带着焦虑和担忧长大，结果几十年下来他们也没离婚啊。现在想想，两个大人以吓唬小孩来争宠，真是太离谱了。

　　小时候妈妈经常跟我说："你是单亲家庭的孩子，一定要比别人更努力，不要被人看不起。"这些话在我心里造成很大的包袱，不断提醒我跟别人不一样，让我很自卑。幸好我的身边有一群好朋友，他们从未歧视我，我才发现那是妈妈自己的投射。她认定自己是婚姻失败者，怕别人看不起她，就把这份恐惧灌输给我。想通这一点之后，我很心疼妈妈，也心疼小时候的自己。

　　童年时代被父母形塑的习惯和价值观念，往往变成我们性格的一部分，还真不容易改变。一位朋友写道，小时候爸爸经常警告他："男孩子不准哭！"只要他流露出胆小软弱的样子，就会挨骂，被严格纠正。现在他果真变成一枚硬汉，碰到天大的事都流不出眼泪，但跟爸爸之间也一直有种疏远的距离，无法亲近。

　　对此我的回应是："一个不准孩子哭泣的父亲或母亲，通常也不会容许自己哭泣。如果你愿意，可以试着以'我爸爸从不哭泣'作为起始句，开始书写你爸爸的人生。当你以成年人的角度来观看爸爸，或许对于父子之间的僵局会有新的体悟，找到一把柔软的钥匙来解开自己身上的束缚。"

　　既然他主动写到这个话题，表示他的内心已经准备好，并拥有足够的能量可以破除童年带来的情绪封印，一步步重新跟情感世界产生连接。

　　在你小时候，爸爸妈妈经常对你说哪些话呢？这些话语在你心里又产生什么样的回荡呢？

小时候，爸爸（妈妈）经常跟我说

小时候，我最大的盼望是……

有一次，我带小侄女到美术馆玩，经过一个小小的许愿池，小侄女很认真地默默许愿，转身慎重地把铜板丢入水池中。我好奇问："你许了什么愿望？"才念小学一年级的她居然微微一笑，不肯告诉我。

原来小小年纪的孩子心里也有属于他们的秘密盼望。真是好样的！

你还记得，小时候曾经有过什么样的盼望吗？这个起始句就像一扇小小的窗口，可以望见每个人心底的童年。幸福的孩子拥有甜美的盼望，而辛苦孩子心中的盼望则往往带着早熟的体贴、失落的愤怒、无助的哀伤和委屈的酸楚。这些童年心事就像一张褪色的老照片，穿越时光的尘埃，让昔日的情感再次涌上心头。

贫穷家庭的孩子最大的盼望是家里变有钱。一位朋友写道，小时候住在贫寒简陋的土角厝，每次看到同学的家，都觉得很羡慕又自卑；而老师来做家庭访问时，脸上讶异的表情，更让他无地自容。他的功课很好，老师显然没想到他的家庭如此破落。他好希望可以搬到漂亮的房子，以洗刷这种被同情的耻辱。

除此之外，他的心里还藏着一个钢琴梦：

　　小时候我最大的盼望是拥有一架钢琴，但这当然是不可能的事。爸妈每天辛苦工作，光是为了让全家三代九口可以温饱，就已经忙得焦头烂额，音乐和艺术根本是梦幻级的奢侈品。我很羡慕同学家有漂亮高雅的钢琴，但从不敢开口跟任何人说，于是我退而求其次，吞吞吐吐跟爸爸说想要有一把吉他。爸爸犹豫许久，还是没办法买给我。

　　我上大学之后努力打工存钱，终于买了一把很便宜的吉他，开始自学简易和弦，每天自弹自唱自得其乐，把左手手指按压出一层厚厚的硬茧才心满意足。其实我心里明白，我真正盼望的根本不是钢琴或吉他或任何乐器，我只是想要圆一个梦，一个远离贫穷阴影而活得自在优雅的美丽之梦。

　　破碎家庭的孩子最大盼望是家人可以重新团聚，不再分崩离析。一位朋友写到小时候爸妈感情不好，妈妈离家出走，爸爸忙着工作，就把他和弟弟寄放到叔叔家。小小年纪就寄人篱下，承担着超越年龄的压抑和失落：

　　小时候，我最大的盼望是妈妈赶快回来。虽然叔叔和婶婶对我们并没有不好，但毕竟不是自己的家，我和弟弟都非常乖巧，不敢大声吵闹，不敢自己开电视看，肚子饿了也不好意思开口，一直忍耐到婶婶叫吃饭才敢上桌。衣服脏了、棉被不够暖、房间太黑、制服要换季、上课要带新文具、学校要开家长会和运动会……好多事情都不敢跟叔叔婶婶说，怕添增他们的麻烦。那时候每天放学，我常牵着弟弟的手站在学校门口痴痴等待，或者偷偷站在叔叔家的巷口张望，好希望爸爸妈妈可以出现，赶快带我们回家。

不快乐的孩子最大盼望是温暖，而孤单孩子的最大盼望是爱。有些朋友写到童年时对父母的失望，这份失落感一直延续到成年，变成很重要的成长功课。

小时候最大的盼望是：爸爸妈妈可以常常抱抱我，温柔地鼓励我、肯定我、赞美我、对我微笑说我好棒喔。可是他们工作很忙很累，所以脾气不好，常常讲话很大声又爱生气，让我每天小心翼翼战战兢兢，很怕被骂被打。我是一个很需要爱的小孩，好希望有人爱我。现在虽然长大了，可是心里面还是很遗憾，不断回荡着"谁会爱我？赶快来爱我！"的声音，这是很寂寞的一种心情。

小时候我最大的盼望是，有一天能出现一位仙女或神仙带我离开这个家庭，或者请他们用神奇的魔法棒轻轻一挥，把我家变成我期待中的那样：有一位认真工作疼爱孩子的父亲、一位温柔美丽轻声细语的母亲，兄友弟恭一家和乐，想要的玩具和食物应有尽有，不必你争我夺大打出手。然而这些盼望都没有实现。我这一辈子都在期待魔法，长大后才知道魔法其实藏在自己心里。我所盼望的温暖家庭必须靠我自己的力量去创造和实现。

你还记得小时候的盼望吗？通过书写，我们静静坐下来，再度跟童年时光相遇。不要忘了，温柔拥抱一下昔日那个小小的自己。

Note

小时候，我最大的盼望是

我心里有一个难忘的画面……

你看过意大利电影《天堂电影院》吗？我们的心灵就像一座电影院，存放着无数回忆的胶卷，有时候不经意间触动了放映机，往日的画面就会在脑海里重新播放。

跟爸爸一起在草原上放风筝、坐在厨房里看奶奶包粽子、妈妈坐在梳妆镜前的微笑、爷爷骑着脚踏车的潇洒背影、跟弟弟在床上打枕头仗的嘈杂、在教室里跟同学偷传纸条的调皮鬼脸、初恋情人的可爱笑容、失恋痛哭的夜晚、第一次开车上路的惊险、拍全家福照片时的搞笑……每一个画面都是生活的一个难忘片刻，在时间流逝的余温中浮现，总带给我们笑泪交织的怀念和感伤。

有些画面带着安静的光晕，让人感到安心和温暖：

小时候住在木造的日式老房子，窗边放着一部老式的脚踏缝纫机，那是妈妈的嫁妆。为了贴补家用，妈妈经常坐在窗边帮人修改衣服和窗帘，她专注地整理布料、仔细对齐缝线，不时响起脚踏板的嘎嘎声和车针起落的嗒嗒声，而我就坐在榻榻米上看书、画图、玩玩具。这样安静而亲近，是我童年最难忘的画面。

有些画面流着无奈的眼泪，小小年纪就尝到分离的滋味：

小时候我一直住在外婆家，备受外公外婆的宠爱，我像个小王子一样幸福。六岁的时候，很久不见的爸爸妈妈突然出现，要接我回去念小学。我死命抱着外婆不放，号啕大哭，但外婆外公只是默默掉眼泪，任凭我被妈妈抱进车里，我眼前一片模糊看着他们的身影越来越远，我无忧的童年也结束了。

有些画面充满着自责与愧疚，到今天都还感觉到疼痛：

我心里的一个难忘画面是初中时爸爸带我去河边钓鱼，我很无聊睡着了。回家后我才发现近视眼镜掉了。那时候家里很穷，不能随便再去配一副眼镜，于是爸爸又骑摩托车带我回到河边，那时天色已经昏黑，我看着爸爸弯腰仔细在草丛中寻找，内心很内疚。眼镜找到后，爸爸没说什么话，父子两人乘着夜色回家。我坐在摩托车后座，看着平日劳苦的爸爸的背影，眼泪偷偷掉下来。

有些画面是关于台风的回忆，以及湿漉漉的狂风暴雨：

我心里有一个难忘的画面，小时候的一次强烈台风，屋外的狂风暴雨宛若鬼哭狼嚎，老屋简陋的窗格和门板剧烈摇晃哗啦作响，好像随时要被吹破一样，屋顶到处都在漏雨，地上摆满水桶和脸盆，叮叮咚咚声响不停。院子里的鸡鸭关进屋里，被妈妈用竹栏圈在角落，湿漉的空气中飘散着家禽粪便的臭味。停电了，微弱摇曳的烛光映照着爸妈眉头深锁的脸庞，我知道他们在担心稻田和菜园，明天必定是满目疮痍欲哭无泪。这个画面是童年贫穷的缩影，我永远无法忘记。

有些画面荡漾着青春的情愫，酸酸甜甜的不安与踌躇：

大学时候，我深深爱恋着一个女孩却不敢告白。除夕那天，我跟家人吃完年夜饭就魂不守舍，满心都是她的倩影，内心挣扎许久，终于鼓起勇气要打电话跟她拜年。偏偏家里电话故障了，当时并没有手机这种东西，我穿上厚外套抓着一大把硬币，走到骑楼的公共电话旁，深深吸了好几口气，有点颤抖地拨出号码。电话那端传来她开朗的声音，我倚着冰凉的墙角跟她闲话家常，街道上有零星路过的车辆，旁边公园里有小孩子在燃放爆竹笑闹追逐，冬夜的寒风吹在身上，我的心头却洋溢着炽热饱满的幸福情感。那个冬夜的画面我永远无法忘怀。

有些画面是幸福的一刻，在心里凝聚成永恒：

我最难忘的画面是我结婚那天，在婚礼进行曲的音乐声中，爸爸挽着我的手，一步一步走在红毯上，他穿着西装很帅气、笔直地站在红毯的另一端，脸上带着紧张和笑意。我看着这个可爱的新郎，就是我要跟他共度一生的男人，心里好感动，幸福的泪水一阵阵涌上来。

当我们在书写中回看记忆中那些难忘的画面，就好像重温一部熟悉的老电影，有笑声有泪水，有嗔恨有爱怜，有温暖幽默和感动，也有悲伤懊悔与惆怅。这就是人生啊，如此丰富。

此时此刻，你心里想起了哪个画面呢？

Note

我心里有一个难忘的画面

我很难忘的一次晚餐……

　　每日三餐里，晚餐通常是最放松的时光。太阳下山了，大人下班小孩放学，卸下一整天的忙碌和压力，终于可以悠闲享受晚餐时光，跟家人朋友一起吃喝说笑，释放白日里的辛劳和烦忧。

　　吃晚餐是一个很日常的主题，但心灵写作就是从这些平凡之处入手。细细品察每天的生活，会发现每一天的晚餐其实都不太一样。一个人的晚餐、跟情人共进的晚餐、陪爸爸或妈妈的晚餐、跟孩子一起的晚餐、跟朋友聚会的晚餐、参加宴会的晚餐、谈生意的晚餐、争吵的晚餐、和解的晚餐、旅行中的晚餐……只要打开记忆的宝库，许多晚餐的回忆都很值得书写。

　　晚餐的记忆往往是跟团圆、欢聚、庆祝有关，有时候也可能是告别、决裂或分离。你印象中很难忘的一顿晚餐是什么样子呢？

　　我想到的是一个快乐的回忆，参加开斋节盛典。

　　二十多年前，我在美国纽约念书，同住的室友是埃及裔美国人，她爸爸来自埃及，妈妈是黎巴嫩人。她并不是教友，但是斋戒月来临时，她基于尊重传统文化的乡愁而自愿实践斋戒，借此感受信仰的价值与精神。我完全明白她的心意，就像我对于我国民间宗教的情感一样，我也会跟着妈妈到寺庙拜拜，很喜欢庙会和阵头，逢年过节会准备丰盛的食物祭拜祖先，烧纸钱送给阿公阿嬷和爸爸，我很喜欢这些美好的本土文化，有机会也愿意参与其中。

为了配合她在斋戒月的饮食作息，那阵子我在厨房做菜一律水煮，力求清淡尽量减少香味，以免太刺激她。这样挺好的，我也吃得健康。

斋戒月结束之后，她邀请我到她父母家做客。她家的开斋节晚餐真是太丰盛太好吃了，全家亲友热闹团聚，屋子里飘散着浓郁的中东香料气息，大家吃喝谈笑快乐庆贺，就像我们的过年一样。能够参与异国文化的节庆真是很棒的回忆。

一位朋友想起的却是最后的晚餐，为一个完整的家庭画下句点。

小学毕业那年夏天，全家一起吃了最后一顿晚餐。当时我并不知道发生了什么事，只觉得气氛有点怪异，爸爸妈妈不太说话，一直叫我吃东西，爸爸还温柔地摸摸我的头，让我很纳闷。隔天，爸爸妈妈就离婚了。从此以后，这个全家团聚一起吃饭的画面就再也没有出现过，只留在日渐模糊的记忆里。

一位早熟的朋友从小就学会料理家务，照顾虚弱的母亲。她想起一件惊心的往事：

我很难忘的一顿晚餐是初中时，那阵子妈妈身体不好，我每天放学就赶紧回家，放下书包帮忙洗米煮菜。那一天，我煮好晚餐端上桌后，妈妈突然昏倒，我哭着打电话叫救护车并通知爸爸，心里很害怕。妈妈送进急诊室不久就转入加护病房，医生还发出病危通知，我跟爸爸整夜守在医院不敢离开。幸好隔天脱离险境，我回到家，看到桌上还放着昨夜来不及吃的饭菜，不禁哭了起来。非常感谢老天爷，妈妈又平安度过一关了。

一位朋友想起了第一次为爸爸筹划的秘密庆生会：

我踏入社会第一次领薪水的时候，很高兴宣布要请全家人吃饭庆祝。后来妈妈偷偷告诉我，可以顺便帮爸爸庆生。我突然很内疚，因为爸爸妈妈从不过生日，家里只过父亲节和母亲节，所以我居然从不知道他们的生日是何时。爸爸是家里唯一的男丁，平时人单势孤，想想也挺可怜，我跟妈妈和妹妹决定给他一个惊喜。

那天晚餐的主菜吃完之后，餐厅里响起生日快乐的音乐，两位服务生捧着蛋糕走到我们桌边，为爸爸唱歌祝贺，我们也跟着拍手合唱，然后拿出预先藏起的生日礼物，爸爸又惊讶又感动，差点流下男儿泪，我们的眼眶也湿润了。我很高兴我终于长大了，有能力可以反馈爸妈对我们的爱。

你最难忘的一顿晚餐是什么时候？在哪里？跟谁一起？多年之后，还有什么情感或情绪仍在你的心底回荡不已呢？

Note

我很难忘的一次晚餐

我很难忘的一次过年……

对华人社会来说，农历春节是一年里最重要的节日，全家人齐聚一堂，满桌美食佳肴、酒酣耳热开怀畅饮，小孩子开心领红包、穿新衣、放鞭炮，大人们玩牌、打麻将、串门子，每个人笑容满面，逢人就说"恭喜发财"，这些拱手作揖、喜气洋洋的画面，感觉真像人间天堂。

不过对有些人来说，过年时只想要逃之夭夭。特别是传统的大家族，齐聚一堂可不一定其乐融融，也有可能是暗潮汹涌，危机四伏。这一个跟"家"和"团圆"有关的特别日子，绝对是值得书写的主题。每一次在课堂上写到这个起始句，总是勾出许多难忘的回忆。我自己最难忘的一次过年是大四那年除夕，祖母病重，没有办法吃年夜饭，我扶着她勉强起身，喝一口热汤，她就虚弱地躺回床上。隔天清晨她就过世了。大年初一天刚亮，我们家开始办丧事，别人家在快乐恭喜、放鞭炮，我们家却一直在烧纸钱、跪地、念佛经，心情无比惨淡。多年之后，我写了一篇《油麻菜籽命》的文章回顾祖母的一生，再次想起那个在诵经声中度过的年节。

一位朋友想到童年时每次要买新衣，就升起身为妹妹的委屈：

小时候过年我总是又期待又怕被伤害。爸妈很忙，每年总要等到除夕吃完年夜饭后，才带我们去逛夜市买新衣，那时卖家快收摊了，杀价空间也比较大。一路上我总是带着梦幻眼神，贪婪看着那些吊挂在架子上琳琅满目的漂亮衣服，但结果总是姐姐买了新衣，而我只买了新袜子和新内裤，因为我要捡姐姐穿不下的旧衣服。印象中，每年除夕夜我都要大哭一场。

直到小学毕业那年，爸妈终于帮我买了一套新衣服，我好高兴啊，好想抱着属于自己的新衣服睡觉，爸妈不准，说会弄皱，于是我早早上床，隔天起床的第一件事就是赶快换上新衣，一整天我都非常骄傲又开心。这么单纯的快乐，现在早已远去了。

许多女性朋友都写到刚结婚时的过年情景。以前社会很保守，女人结婚后就必须融入婆家，努力扮演一个好媳妇的角色，这往往是一次巨大的文化冲击。有一位朋友的书写让大家哈哈大笑，但又有点感伤：

结婚后第一次在婆家过年，让我永生难忘。先生家在乡下，过年是件大事，好几天前就充满年节气氛，能干的婆婆一直忙里忙外，洗晒床单、清扫屋内、准备年菜，要做萝卜糕、年糕、发糕、汤圆，还要准备各式牲礼、金纸、鞭炮、香烛，拜天公、拜祖先、拜灶神、拜地基主。身为新嫁娘，我不敢有丝毫偷懒，听着公公婆婆的指令忙得团团转，一刻不得闲。

最可怕的是，婆婆居然问我"会不会杀鸡"，我吓得说不出话拼命摇头。还好她不勉强我，自己动手很利落把两只鸡杀了，放入一个铝制大脸盆中，叫我浇淋热水把鸡毛拔干净。我很害怕却不敢说，含着眼泪完成这项可怕的工作。

吃年夜饭时，小叔一家和大伯一家都来了，屋子里热闹非凡，但我都不太熟悉，只能保持微笑忙来忙去，心里觉得好寂寞，好想念爸爸妈妈。女人出嫁就是泼出去的水，这种观念下的女人好可怜啊……

碰到过年，结婚的人很麻烦，单身者也很苦恼。一位单身熟女写道：

年纪越大越讨厌过年，平时是自在潇洒的单身贵族，过年时就变成人人追打的单身"跪族"，好像不结婚是天大的罪过，每个亲戚都要热心追问："什么时候结婚啊？""有没对象啊？""要不要帮你介绍？""眼光不要太高，小心变成高龄产妇"……每年同样的话题，大家真的不烦吗？

为了逃避可怕的亲友团，两年前我决定利用春节出国，虽然机票贵但很值得，在泰国的小岛悠哉散步，用视频电话跟家人互道恭喜发财，拉开距离反而感受到彼此的祝福和爱，真的挺不错。

随着年岁增长，关于过年的记忆也一直累积。在你心里，有哪些难忘的过年回忆呢？

我很难忘的一次过年

我很难忘的一次旅行……

你喜欢旅行吗？想到旅行，通常就想到一连串的关键字：假期、放松、玩乐、新奇、扩展视野、流浪、放逐、远离、疗伤、冒险、自我挑战……从舒适奢华的热带度假小岛，到艰困难行的苍莽神秘之地，旅行具有多重的意义，也包含各种未知的可能。当我们离开日常的轨道，踏上旅行的征途，在观看世界的过程中往往也看到了各种不同面向的自己。

记得很多年以前，我想要送给妈妈一个礼物，特地规划了两天一夜的溪头行，邀请弟弟妹妹们带着孩子三代同堂浩浩荡荡一起出游，陪妈妈到大自然里放松身心，以慰劳她平日的辛苦。

结果却事与愿违。妈妈是个劳碌命，她前一天就忙着采买，熬夜炖煮一大锅卤味，当天又摸黑早起，切好了两大盒水果，豪迈地提着大包小包上车。沿路她一点也不关心车窗外的美丽风景，只忙着递食物给每个人，不断要照顾和服务大家吃东西。

我心中火冒三丈，觉得她完全扭曲了我的一片心意，把自己搞得比平时更累，老是把别人看得比自己更重要。我气得不想看她，决定再也不跟她一起出游。

隔一段时间后我才渐渐释怀。照顾家人是她最大的快乐来源，我又何必强求她改变呢？她拥有跟我不一样的人生，只要她开心就好，我怎能把自己的价值观投射到她身上？有了这层反省，我不再批判她，学着以正面和接纳的角度来欣赏她的热情与忙碌，我们的母女关系也有了微妙的转变。

后来，关于旅行我又陆续做了很多次书写。我摘录三则片段跟大家分享：

办完爸爸的丧礼之后，全家人陪妈妈去了一趟温泉之旅，想要转换一下心情，把这阵子累积的哀伤和疲惫释放。饭店的露天庭园里有各式各样的池子，有花香池、盐水池、水疗池，当我们泡在雾气蒸腾的池水中陪妈妈聊天时，刚学会说话的侄子伸出小小手臂笑眯眯指着前方说："爷爷，爷爷……"我的眼泪几乎落下来。民间习俗认为孩童的眼睛可以看见成年人看不到的事物，爸爸是爱玩爱享乐的人，他一定跟着我们来了，也许正在不远处含笑看着我们，依依不舍地跟我们道别。

二十九岁那年，为了割舍一段痛苦的情感，我远离了心爱的人，带着失落和心碎的痛楚独自到欧洲流浪，想要疗愈爱情的伤痕。我向来不懂艺术，但是当我走进巴黎的罗丹美术馆，静静看着那些充满强烈生命张力的人体雕塑，我的眼泪忍不住滚滚滴落。我在这些雕塑身上，看见生命说不出口的各种挣扎、爱恋、执迷和痛楚。这份感动让我突然明白艺术的真谛，以及创作的意义。

1990 年夏天我在欧洲，满怀期待预订了从巴黎飞往特拉维

夫－雅法的机票，要到以色列的社会主义社区 Kibbutz 去体验两个月。然后我就悠哉到英国四处旅行。没想到几天后，中东情势有变。这下子怎么办呢？我记得我站在伦敦的大英博物馆里，望着古希腊神殿的巨大石柱，和被久远时间封存的埃及木乃伊，不断反复问自己："真的要去吗？还是放弃算了？"

当时不知道哪来的执念，我决定如期前往，亲身体验了巴黎机场风声鹤唳的严密通关检查，也看见了以色列街头士兵荷枪实弹、战车纷纷出动的场面。然后我一路北行，来到靠近黎巴嫩边界的丘陵社区，在烽火日渐逼近的紧张氛围中，努力进行着异文化田野的自我训练，并且很幸运地有机会到耶路撒冷一游。

十月底，我终于圆满达成心愿，离开以色列。两个多月后，第一次波斯湾战争正式爆发。现在回头想想，当时的我，算是勇敢吗？我不知道。但我很高兴当时的我并未退缩，因而拥有了一生难逢的际遇与体验。

你有哪些难忘的旅行回忆？当时你为何出发？去了哪里？看到了什么？有哪些收获和感触呢？

Note

我很难忘的一次旅行

我做过很勇敢的一件事……

我向来不是一个大胆的人，甚至可以说有点退缩和懦弱。我有很多包袱，怕丢脸、怕被批评、怕做错决定或做错事、怕自己受伤也怕伤害别人。所以我很欣赏别人身上的勇气，也常期许自己变得更勇敢，能够坦率忠于自己。

但什么才是勇敢呢？我现在已经知道，勇敢并不是像个钢铁人一样刀枪不入无坚不摧、所向无敌毫无畏惧。如果心里没有害怕和退缩，也就不需要勇气来鼓舞自己了。

所谓勇敢，是明知前方存在着未知、困难和危险，心里忐忑不安，手脚发抖，随时都有想要放弃并转身逃走的冲动，但是深深吸一口气之后，还是硬着头皮向前踏出一步，挺起胸膛克服恐惧和忧虑，努力想办法解决问题面对挑战。这个带着害怕却仍然向前踏出脚步的行动，就叫作勇气。

我很喜欢请大家书写这个起始句，想起那些充满勇气的时刻，对自己有很棒的鼓舞作用，下一次在面对艰难的时候就可以拍拍胸脯告诉自己："你可以的！别怕，勇敢试试看！"

我做过很勇敢的一件事是初中时，代表班上参加四百米赛跑。我那时很矮，瘦瘦小小一只又跑不快，但班上跑最快的前几名都不想跑，大家推来推去，于是我自告奋勇举手报名，引起许多嘲笑。"不然你们去跑啊！"我真想大声骂回去。

运动会那天真正上了战场，我果然在预赛就被淘汰了，完成了一个明知不可能胜利的赛跑，不因为害怕被嘲笑就退缩，我这辈子永远以自己为傲！

我做过很勇敢的事是选择念高职。当初爸妈和老师都很反对，因为我的成绩不错，他们认为我应该读高中考大学，但我喜欢动手做，想要学习一技之长，从高职到技术学院的求学历程充满成就感。很多技职生会有自卑心态，我都鼓励他们：毕业后出社会就是讲求实力而不是靠学历，要勇敢走自己的路，在兴趣和专业中不断磨炼成长，不必太在意别人的眼光。

我做过很勇敢的事是跟喜欢的人告白。大家都说"女追男，隔层纱"，但我脸皮薄，面前的纱就跟钢板一样厚重得难以穿越。后来我终于鼓起勇气约对方出来，将喜欢的心意让他知道。结果被拒绝了，我抹抹眼泪却一点也不后悔，宁可清清楚楚地失败，也不要因为胆怯而错过，留下遗憾。

我做过最勇敢的一件事是爱上我老公，并跟他结婚。对一般人来说这或许不算什么，但是对于在单亲家庭长大的我，从小看到爸妈吵吵闹闹大打出手，对于爱情和婚姻充满不信任的阴影，我曾经打定主意一辈子单身，但是老公用耐心和温情将我的恐惧慢慢融化，他希望我给自己和他一个机会，共同建立一个圆满快乐的家庭。我决定接受这个赌注，即使失败了，至少我努力过。至今我们结婚五年，下一个目标就是生个宝宝，这又是另一项新的挑战。

我做过最勇敢的一件事是：深夜经过重大车祸的现场，虽然常听人们告诫这时候千万不要多管闲事地帮忙，以免被家属反咬一口，但我还是决定停车，在昏暗寂静到几近恐怖的气氛中，我打开车灯，在满地狼藉碎片中搜寻伤员的身影。终于，在凹裂的轿车门边看到奄奄一息的伤者躺在地上发出痛苦呻吟。我蹲下来，带着极度不安的心情，轻声安慰他说："不要怕，救护车快来了……"

事后，听说伤者抵达医院后不久就过世了，家属无限感激地向我鞠躬，感谢我在当下勇敢地下车，让他们的老父不至于在凄冷的冬夜寂寞地面对死亡。霎时一股暖流抚平彼此的心，我的恐惧不安和家属的丧亲之痛都在这暖流中得到无言的安慰。

感受到自己的勇气是一种很宝贵的经验，它让你看见自身的力量，鼓舞你相信自己，勇敢往前走。你是否也曾经有过这样的时刻和感受呢？

Note

我做过很勇敢的一件事

我很后悔的一件事……

在我们的一生中，总难免做过一些后悔的事，犯过许多错误，留下无法弥补的伤害、懊悔和遗憾。这些歉疚自责的情绪好像埋在心底深处的一根刺，想起来就隐隐刺痛。

十几年前，我要到美国纽约度假一个月，于是把心爱的老狗皮皮请托长辈帮忙照顾，长辈家有个大院子，对于习惯自由自在的皮皮来说，我觉得是很好的选择。我在纽约期间，经常打电话关心皮皮的状况，长辈总说很好很好，让我安心在外玩乐。直到我回来，开车要去接皮皮回家，才知道早在我出去第二天，它就逃家，走失了。长辈怕我担心，所以没跟我说。

我那阵子经常哭着在长辈家附近的巷弄穿梭呼唤，拿着皮皮的照片问遍那一带的住家和动物医院，但事隔一个多月，根本希望渺茫。有一天睡到半夜，我梦见皮皮被一家动物医院收容，我在睡梦中哭醒，天一亮立刻开车冲到长辈家附近再次寻找，但仍失望而归，一无所获。

皮皮跟了我十六年，当初收养它时已经是成犬，我对狗狗一向是终生的许诺，即使它们老迈病痛，我一定会陪伴它们到最后一刻，以温柔的佛经送它们离开。皮皮是我最心爱的毛小孩，我居然让年迈的它孤独害怕地在陌生的城市里流浪，挨饿受冻，在某个不知道的角落里默默死去。事隔十多年，每次想到皮皮，我依然会泪流满面，揪心不已。

人非圣贤，孰能无过。这句话说来轻松，但是原谅自己并不容易。我只能带着遗憾的痛楚前行，绝对不让同样的懊悔在下一只毛小孩身上发生。

痛楚代表着情绪的呼喊，它们不想再被囚禁在追悔和幽暗之中，想要被看见、被承认、被接纳、被释放，想要得到原谅和自由。而书写是释放情绪最简单的一种工具。

小时候我们家是卖鱼的，爸爸每天忙着处理鱼货，清洗鱼腹刮除鱼鳞，长年累月下来身上总有一股鱼腥味。有一次，某位同学在班上大声说我们家很臭，我爸爸也很臭，害我觉得很尴尬，脸颊涨红不知该如何反击。

回家后爸爸跟我说话，我很生气地叫他走开，说他身上很臭，他的脸色变了，没说话走到外面抽烟。那阵子我很别扭，心里有点抱歉却不知道该怎么办，父子之间变得很奇怪。后来就不了了之。现在想起来还是觉得很自责，但爸爸已经过世，欠他的一句道歉再也没机会跟他说了。

我最后悔的是，不懂得好好珍惜一段感情，因为幼稚的自尊心和任性的自我中心，伤害了心爱的人，让她远离我的生命。现在她已经找到新的幸福，我只能在远处默默祝福她。

　　我最后悔的一件事是为了逃离原生家庭的痛苦，匆匆跳进一段错误的婚姻。我以为只要有人爱我就会得到幸福，没想到两个不成熟的人根本无法经营美好的婚姻。我想过要离婚却没有勇气，拖拖拉拉之间儿子诞生了，老公却变本加厉经常外宿不归，丢下我们母子独守每一个漫漫长夜。我不想再永无止境地争吵，终于勇敢离婚了，现在我带着儿子努力展开新生活，一点都不后悔这个决定。

　　当我怒气冲脑甩了孩子一巴掌之后，心中无比后悔。我从小在爸妈的铁砂掌下幸存长大，不止一次在心里默默发誓：以后当了父母绝不打骂小孩，要用爱的教育跟孩子理性沟通。但是现实并不如想象中那么美好，当生活压力和孩子的吵闹同时席卷而来，我还是气急了对着孩子怒吼，举起巴掌狠狠甩他耳光。当我看到孩子捂着脸颊号啕大哭，以怨怒又害怕的眼神瞪着我时，我心里一惊，这就是我小时候看父母的眼神，完全一模一样。霎时心中的懊悔如海啸般汹涌扑来，眼泪也夺眶而出。我抱着孩子，哭着向他道歉，并告诫自己绝对不能再犯同样的错误。

　　我很后悔的一件事是：大学时候很贪玩，放寒假了还不肯回家，妈妈一直说：奶奶身体不好，要找时间回乡下探望，我想反正过年就要回去了，何必急在此时？没想到奶奶突然心肌梗死过世了，我连她的最后一面都没见到。我匆匆赶回去，在灵前跪地大哭，却再也来不及了。

　　在你心里有哪些后悔的事呢？如果你已经准备好了，就来写一写那些让自己摇头叹息甚至泪眼婆娑的回忆吧。边写边哭，重新感受到心痛，都没关系，不要让眼泪闷在心里，让它释放出来，还诸天地吧。

Note

我很后悔的一件事

我做过很糗的一件事……

　　每个人都做过一些糗事跟蠢事。上课走错教室、吃错同学的盒饭、当众跌倒、上台比赛忘词、在喜欢的人面前结结巴巴、说错话、认错人、出门上班却穿着室内拖鞋、吃完饭才发现忘记带钱、没带钥匙只好摸黑爬墙回家、说谎被人拆穿……生活里乱七八糟的出错，你还遇到过哪些呢？

　　为什么我们要来写这个起始句？因为，当众出糗虽然难堪，却有一个很重要的功能，就是破除完美主义的紧箍咒。

　　我们每个人内心难免都有完美主义的包袱，总想在别人面前表现出聪明、优雅、成功、自信的正面形象。一旦我们愿意跟大家分享出错出糗的经验，就像把完美面具摘下，露出糊涂可笑的真面目。好丢脸啊！不过形象毁灭之后，不必再花力气撑住颜面和样子，整个人反而变得放松自在。

　　当糗事发生的那一瞬间，你可能羞愧万分、无地自容，恨不得挖个地洞钻进去；但事过境迁以后，往往变成一阵笑谈，甚至笑到捧腹流泪，当时的尴尬已经转化成自娱娱人的笑料和话题。这就是时间的作用啊！

　　一位朋友想到从自满的臭屁鬼变成可怜"战犯"的悲惨往事：

　　初中时候我是有名的飞毛腿，跑步很快。有一年校庆运动会的四百米接力赛，我们班派出包含我在内的闪电四人组F4，赛前我自信满满跟隔壁班呛声，绝对把他们打趴在地上。

比赛那天，我跑第一棒，准备动作时我还嬉皮笑脸，但枪声响起，我居然在起跑时滑了一跤，我慌张地手忙脚乱爬起来，死命向前冲，但已经被对手们远远抛在后面。交棒后，我低头走回休息区，安静躲在角落觉得好丢脸。

比赛结束，我的队友们还是很厉害冲到第二名。我们本来铁定拿冠军的，但他们并没有责怪我，而是嘻嘻哈哈一直取笑和模仿我摔倒在地满嘴吃土的动作，用轻松气氛让我释怀，害我感动得哭出来。这下子更糗了！

一位朋友想起在众人面前摔倒的丢脸画面：

我的个性很容易紧张，向来不喜欢参加团体游戏。刚进大学时有系上迎新，主持人学长说要玩大风吹，我满心不愿意，但身为新生哪敢表示意见，结果在跑来跑去抢位置时，我没坐稳就一屁股摔到地上，把椅脚也撞断了。我脑中一股血往上冲，满脸通红，依稀听到众人的惊呼声中夹杂着忍住的笑声。学长学姐和同学们赶紧跑过来扶我，但我却羞愧得站不起来。这就是我踏进大学生活的起手式，真是不堪回首。

一位朋友写到在喜欢的人面前出糗的血泪事迹：

念大学时，为了追求喜欢的女孩，整个人变得很有书香气。有一次约她到图书馆看书，我心里紧张得小鹿乱撞，但表面上故作轻松跟她一路说笑，结果……我整个人"砰"的一声撞上图书馆的玻璃大门，眼镜撞在鼻梁上都歪掉了，痛得我快要飙泪。当时附近有很多人都回头看我，真是糗毙，她一面关心地问我还好吗，一面憋住笑。我只能逞强说没事，然后吹嘘自己骨头很硬皮很厚，从小到大跌跌撞撞都没在怕的，借此转移自己的尴尬。

一位朋友说到她向来迷糊，出糗简直是家常便饭：

我的个性很迷糊，从小到大做过的糗事可多了，数都数不清。最近的一次是全家出游，爸爸开车，上高速公路前我特地下车到便利商店采买一堆零食，兴冲冲跑回车上，突然发现……前座有一对陌生男女，转头很惊讶地瞪着我……

原来我上错车了。我急忙连声抱歉，狼狈地提着两大袋零食跳下车，快步跑回爸爸车上。全家三部车的人看着我跑来跑去的整个过程，全都笑翻了。

而我唯一庆幸的是，还好那对男女没有正在卿卿我我，不然我就更糗了！

所有的幽默喜剧都懂得善用出糗、误会、做错事的元素，因为不完美的人生会让每个人变得更真实更可爱。当我们可以接纳出糗、出错的自己，比较容易放下严肃的盔甲，以轻松的态度哈哈大笑，拥抱那个羞愧掩面的自己。

你有做过比上述例子更糗的事情吗？要不要试试边写边笑边脸红的滋味呢？

Note

我做过很糙的一件事

那一天，我决定……

你知道一部很有意思的电视剧《荼蘼》吗？剧中的女主角面临一个很艰难的决定：追求事业（去上海）或选择爱情（留在台湾），不同的决定将会走上不同的人生道路。这部戏很有创意地采取双线进行，把两种决定的后果都演出来，让观众热烈讨论和思考：如果是你，会做哪一个决定呢？

我们每天都要做出无数的决定，大部分的决定都很琐碎，例如要穿哪件衣服出门、三餐要吃什么等，这类决定通常转头就忘；但有些决定却有着特别的意义，让你至今仍然铭记在心。

通过这个起始句，我想让大家回忆一下你生命中比较关键性的那些决定。每一个决定都是一面镜子，反映出当时的自己。

有两位朋友写到了告白的决定，但两人的结局并不一样：

那一天只因为他随口说了一句话："我觉得你留短发应该蛮好看的。"我决定把一头飘逸长发剪掉，改成俏皮利落的短发。他看到后，惊讶得说不出话，恍然明白了我的心意……然后我们就在一起了。

那一天我决定提起勇气，跟喜欢的人告白。这一点都不像我的个性，其实我是不太有自信的人，都是几个闺密瞎起哄，

让我突然昏了头，熬夜写了一封文情并茂的情书大胆表白。结果，我生平第一次的告白行动黯然以失败收场。我觉得这样也好，至少让我早早死心，不要再怀抱不切实际的幻想，大哭一场之后，还是有点心痛，但心里也轻松很多。

还有两位朋友写到了决定勇敢做出改变：

那一天，我终于决定去寻求心理咨商。我从小就是个敏感的人，很容易陷入忧郁和焦虑的情绪，交了女朋友之后，刚开始感情很好，后来我变得很没安全感，只要找不到她，或者两人在一起的时候她却忙着接电话或看手机，我就暴躁易怒，觉得她根本不在乎我，她则批评我霸道、控制欲太强，长期吵来吵去，她决定要跟我分手。我顾不了面子，一直哭着恳求她原谅和回头，但是她却铁了心肠离我而去。我几乎崩溃了，没有她的日子我不知道该怎么办，每天借酒消愁，一直走不出来，觉得很绝望，活着也失去意义。一个在学校担任辅导老师的朋友建议我去找专业协助，并为我推荐人选，还帮我打电话预约，于是我第一次推开心理咨询的大门，开始治疗心灵的伤口。

那一天，我终于下定决心要离婚。这不是他第一次出轨，这么多年来我选择睁一只眼闭一只眼，生怕看得太清楚会让自己再度受到伤害。但是他居然如此不经心，让我看见他手机里的那些甜言蜜语的私讯。我突然觉得好累，没力气争吵也不想再努力了。夫妻之间如果没有信任，还剩下什么呢？我选择放手，让彼此自由。

有一位朋友的决定和行动力，让我好佩服啊！

收到体检报告的那一天，我决定开始运动，用手机当作计步器，每天走路一万步。至今已经过了一年，我总共走了三百多万步，身体也健康很多。

而我自己则想到了三十五岁生日那天，我决定到美国进修两年。身边有些亲友并不认同，他们劝我实际一点，把这笔钱当作头期款先买个房子，有土斯有财，趁年轻尽早置产，现在辛苦一点老了才有保障。我不否认我对未来也有很多担忧和恐惧，但当时的我并不想把人生的梦想捆绑在二三十年的房贷上，趁着还有勇气就该大胆去追梦，我想在美国生活一段时间，我想扩展生命视野，我想送给自己两年时间来探索这个广大的世界。我知道现实很重要，但我还是想要走一条跟别人不一样的路。

唉，没想到后来台湾的房价会一路飙升，如果二十年前我把进修的钱拿去买房子，现在也是千万富婆了吧！如今想来虽然有点叹息，但我却不后悔。我们无法以今日的时空来评断昨日的选择，每个决定都反映着当下的自己，有些事，当时不做，可能永远也不会做了。爱情如此，生涯的选择也是如此。

在你生命中，有哪些难以忘怀的决定呢？

Note

那一天，我决定

如果时间可以倒流，我希望回到那一天……

看着这个起始句，我的心里一阵刺痛。我想起很久以前，在路上捡到一只雏鸟，经过将近一个月的细心照顾，它羽翼渐丰，活泼可爱，正打算找时间带它到公园放生，却因为一时疏忽，让它成为猫咪的爪下亡魂。

这一切只发生在一秒之间，我完全来不及反应，就看到心爱的小鸟瘫软在地上，脆弱的生命就此消逝。我捧着它依然温热的小小身躯，一直哭着跟它说"对不起"，好希望时间的轮轴可以倒转，只要倒转一秒，我就可以防范悲剧发生，只要倒转一秒，小鸟就可以快乐长大，在天空和微风中快乐飞翔。

但无论我如何悲伤悔恨，时间之神都不愿为我倒转那一秒。然而在心灵写作的世界里，我们拥有幻想的自由：如果时间可以倒流，你想要回到生命里的哪一天？也许，是你最快乐的一天，也许，是最难忘的一天，也或许，是最懊恼遗憾因而渴望重来一次想要有所弥补的一天。

如果时光可以倒流，我想回到十岁那年夏天。那时候，爸爸还没有外遇，妈妈还没有抓狂，他们还没有整天吵架和决裂离婚；那时候，全家每天都一起吃晚餐，还会趁着暑假到垦丁海边去玩，那幅完整家庭的快乐画面，后来就消失不见了，成了永不复返的记忆。

如果时间可以倒流，我想回到弟弟自杀的前一天。如果那天我可以回家去看看他，如果我可以察觉到他心情不好，如果我可以好好拥抱他，如果我可以坐下来安静听他说话，如果我可以告诉他我有多爱他，结局会不会不一样？太多的如果，交织成永远无法弥补的伤痛与遗憾。

如果时间可以倒流，我想回到大学时代，我会放下无聊的面子，真诚地解释和道歉，不会让她如此伤心；我想回到二十六岁生日那天，我不会再胆怯犹豫，而会毅然拿出藏在口袋中的戒指向她求婚……一次又一次错过，只能眼睁睁看着心爱的女孩被别人抢走，让我悔恨不已。

如果时光可以倒流，我想回到考上公务员那一天。我到现在还清晰记得那天的兴奋和快乐。父母来自流离战乱的时代，内心充满不安全感，从我小时候就不断耳提面命，叫我一定要考公务员捧个铁饭碗，生活才有保障。我曾经很抗拒这条安稳的路，何况我也不是很聪明很会考试的人，实在不想浪费时间准备。但他们却从未死心，一直唠叨叮嘱，终于我妥协了。当我跟父母报告这个喜讯时，他们脸上的欣慰表情让我很难忘。我终于做了一件让他们安心的事，也为自己铺陈了明确的未来。

我自己第一次写这个起始句时，忍不住哽咽了，因为我写到爸爸过世的情景：

如果时光可以倒流，我想回到爸爸过世那一天。当医师宣告不幸的消息，我们含泪走进加护病房，围在爸爸的身边默默流泪。我在心里说："爸爸，谢谢你一生的付出，谢谢你赐给我们生命。谢谢！我爱你，一路好走。"多年后我才听说，逝者最后一个歇止的身体感官是听觉，也就是一个人过世后的短暂时间里，他还可以听见人世间的话语。我有点懊恼，我当时应该说出来的，我应该让他亲耳听见我们对他的感谢和爱。如果时间可以重来，我会以这些话语送别他的灵魂，祝福他自由飞上无病无痛无苦无忧的极乐天堂。

如果时间能够倒流，你想回到生命里的哪一天呢？

Note

如果时间可以倒流，我希望回到那一天

我在爱情里学会的是……

啊，爱情！关于爱情，每个人都有很多话要说。爱情的甜蜜和快乐、痴恋和疯狂、承诺与背叛、选择与迷惘、悔恨与惆怅，那些痛、那些苦、那些伤、那些体悟与成长……

爱情是永远书写不完的主题。我们每个人都在爱情里跌跌撞撞、哭哭笑笑，逐渐找到属于自己的一套爱情哲理。这个起始句在团体分享时总是引起热烈的回响，因为每个人写出来的体悟，都是走过许多冤枉路才得到的智慧结晶啊！

我来抢先发言好了。我在爱情里学到两件事，第一要两情相悦，第二要快乐。

在爱情的开端，最重要的是要"两情相悦"。爱的天平不能倾斜，更不能唱独角戏，强摘的瓜不会甜，千万不要苦苦强求对方爱你，也不要强求自己去勉强将就。如果找不到两情相悦的伴侣，宁可单身还比较自在。

走进爱情世界之后，最重要的是相处的快乐。两个人在一起必然会遭遇许多麻烦、厌倦、争吵与痛苦，要有很多快乐才足以支撑这趟相爱的旅程。快乐不一定来自对方，更多时候是来自自己。先成为一个快乐的人，才可能建立一份快乐的爱情，当一个分享快乐、创造快乐的好伴侣。

接下来，许多朋友也慷慨分享他们心中的爱情箴言：

谈恋爱之后我终于明白：爱情不只是浪漫的想象，而是互相体谅、包容沟通与体贴。以前的我很任性，凡事只想到自己，在爱情里我学会怎么去爱一个人，替对方着想，用心经营两个人的世界。

我有一个痛的领悟：爱情从来就不是被别人拆散的，唯一能让你们分开的只有你们自己。所以不要把分手怪罪到别人身上，也不要说"因为时间的流逝所以我渐渐不爱你了"。变心，就直接承认吧，不要再随便找借口。

我学会的是：相爱要双方共同决定，但分手只要一方决定就行。当对方提出分手，不必再苦苦挽留，一切都是徒劳，只会让感觉更糟，伤害更深。转身离开吧！保持优雅的姿态，不必让对方看见自己的眼泪。

我学会的一件事是：不是只有爱情可以滋润我的生命，也不是只有爱情可以填补内心的孤独。得之我幸，不得我命，既然单身，就好好享受生活，让自己快乐亮丽。

我在爱情里学会的是：只要真心爱过，都值得感谢。今日爱的伤痕，会让明日的我变成更好的人。

我在爱情里学会的是：保持自己的空间很重要。爱情只是生命的一部分，而非全部。不管有没有爱情，都要过着自己喜欢的日子，活成自己喜欢的人，千万不能为了对方而失去自己的梦想和快乐。

我在爱情里学会的是：不要相信"我这么做，是因为爱你，都是为你好"这种鬼话。

我在爱情里学会的是：不爱自己的人，也不会相信别人会爱你。没有安全感的人，别人也无法给你安全感。爱情像一面镜子，让我们更看清楚自己。

在爱情里我想要学会的是：像个孩子一样自由和信任。像个老人一样放松又有智慧。我还在努力学习。

爱情这条路，让你学会了什么？有哪些重要的领悟？你是否也愿意分享呢？

我在爱情里学会的是

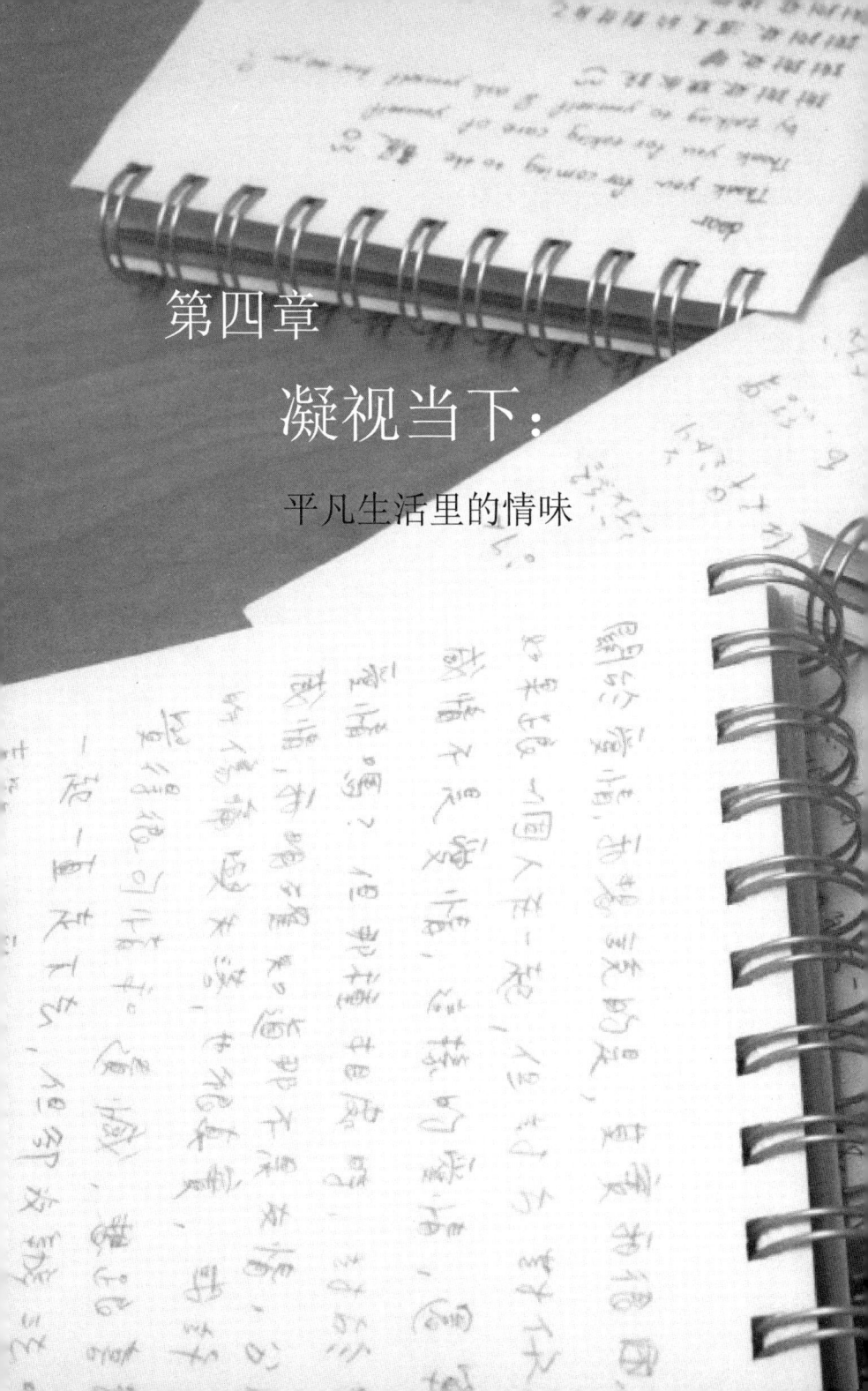

第四章

凝视当下：

平凡生活里的情味

　　"我们的生活既平凡又奇妙。我们都逃不过生老病死，却又努力地活着；我们在世上度过许多寒冬，历经许多愁苦，一颗心仍热烈跳动着；我们都是重要的，我们的生活也是重要的，生活的种种细节都值得一记。这是作家的责任：对于生活中的细微事物给予神圣的肯定，以创意面对生命。"这是在娜塔莉的《心灵写作：创造你的异想世界》一书中，我很喜欢的一段话。日常生活是滋养写作的肥沃土壤，活在当下的此时此刻，每一件小事都值得被看见、被书写、被细细品味。

在家里，我最喜欢的角落是……

从小到大，我搬过很多次家。小时候的家很拥挤，兄弟姐妹全睡在一张大通铺上，几乎没有私人空间，但是屋前有空地和稻田，屋后有大树、小溪和菜园，足以让我穿梭流连。中学时住在两层楼的透天厝，我跟祖母睡同一个房间，我在上铺，像个隐秘的小阁楼，是属于我的一方小天地。念大学之后跟同学合租公寓，终于有了自己的房间，让我随心所欲布置出一个象征独立自我的世界。

后来又在不同的国家和城市间居住过，不论住在哪里，总会把屋子变成一个舒适放松的小窝，在滚滚尘世中有一个让身心安居驻足之地。

家是身体的城堡，也是心灵的港湾，对每个人都很重要。我想借由这个起始句，请大家仔细看看自己的家，在这个每天生活的熟悉空间里，你最喜欢哪个角落呢？

喜欢养花种草的朋友最喜欢她一手打造的阳台小花园，很重视睡眠的朋友最喜欢他房间里的大床，爱热闹的妈妈最喜欢全家人团聚的客厅，爱做菜的主妇最喜欢开放式厨房……每次分享文章时大家总是嘴角含笑，气氛超热烈的。

以前去欧洲旅行，看到家家户户窗外都有色彩缤纷的美丽花台，觉得好喜欢，于是在客厅阳台布置一个小花园。每天早上，我会在晨光中跟我的植物们打招呼，晚上回家，也会去看看是否有新芽和花苞冒出来。假日的时候，我会坐在阳台喝咖啡、看书，享受被花草围绕的悠闲时光。

我虽然单身，但是我喜欢睡双人床，别的东西可以省，床铺一定要宽敞舒服，因为人每天有三分之一的时间睡在床上，对我而言更是不止，我喜欢赖在床上听音乐、玩手机、看电脑、讲电话，这张床是我最舒适的王国。

家里我最喜欢客厅，这个空间平日空荡荡的，大人出门上班，小孩上学，舒适的沙发和影音设备都被冷落。但是到了周末，这里就热闹了，先生喜欢靠在沙发上看电视，孩子在窗边弹钢琴，我则躺在按摩椅上闭着眼睛敷脸，听着电视的球赛声、断断续续的钢琴声、孩子们走动说笑的声音，是一种平凡居家的幸福。

家里我最喜欢厨房了。我从以前就很希望有开放式的厨房，不要自己一个人闷在厨房里做苦工，而是全家人一起参与，而且我喜欢做甜点和面食，很想要大桌面的工作台。去年家里装潢时，我干脆打掉一个房间让梦想中的厨房实现。现在先生和孩子都可以一起洗菜切菜摆碗筷，不再远庖厨，我觉得很欣慰。

在家里我最喜欢的地方是书房。其实这个老房子有很多缺点，采光不好，储藏空间不够，因此书房墙角堆了许多杂物：旅行箱、冬季的棉被、瑜伽垫、电热毯、电风扇，但是至少有一张书桌是属于我的空间，我在这里看书、赶报告、听音乐、跟猫咪玩，享受独处。

在家里，我最喜欢浴室。还没离婚前，浴室是我疗伤的洞穴，我不想在孩子面前哭泣，就躲到浴室里打开莲蓬头，让哗啦的水声掩饰我的眼泪。离婚后，我把浴室重新装潢，换上漂亮的瓷砖和泡澡浴缸，装上大镜子和温柔灯光，添购玫瑰花精油和香氛浴盐，不时摆一盆花或可爱小物装饰，孩子们都好高兴。当我疲倦的时候，就泡个香喷喷的贵妃澡，纾解一天压力，心情不好的时候也可以尽情哭泣，没有人知道。泡过澡后好好回床上睡一觉，明天起来又是全新的一天。

我觉得最理想的家应该同时满足亲密和独立的双重需求，有共享的空间，也有独处的角落，让家里的每个人都感到放松自在。在你家里，你有最喜欢的角落吗？

如果找不出来，那这个起始句就是一个很棒的提醒。从现在开始构思，进行小小的改变，在家里创造一个滋养自己身心的舒适角落吧！感觉会很不错喔！

在家里，我最喜欢的角落是

我有一个秘密基地……

　　小孩子天生就喜欢寻找秘密基地。根据儿童心理学的研究，孩子三岁以后就有秘密和隐私感的需求，喜欢拥有一个小小的私密空间，带着心爱的玩具和故事书在这里自得其乐，高兴时邀请家人或朋友一起进来玩，不高兴时就躲在里面不理任何人。秘密基地的形式不拘，棉被窝、桌子底下、纸箱、衣橱、帐篷、阁楼、树屋、稻草堆、离家不远的空地、山洞……都可以刺激孩子们的想象力和创意，变成一个安全又自由的神秘小天地。

　　其实成年人也很需要秘密基地，一个无拘无束的小宇宙，让我们可以把世界关在外面，天马行空自在玩耍，必要时也可以作为心灵的洞穴，安静休息默默疗伤。

　　对我来说，小时候的秘密基地是屋子后院那棵大榕树。榕树应该很老了，长了很多胡须，它的树身强壮圆润很好爬，小时候我常爬到树上发呆，或是坐在树下荡秋千，不时抬头看看绿叶摇曳背后的蓝色天空。大树的身影一直留在我的心里，宛若童年的守护神一路陪伴我长大。

　　到台北念大学之后，我的秘密基地是环绕着校园的那条河堤。我常一个人坐在河堤的台阶上吹风，看着河床上的芒草、篮球场，潺潺溪水映着天光，编织青春的梦想。

踏入社会工作后，秘密基地换成了安静舒适的咖啡馆。最近这一两年，我最喜欢的是一间位于巷弄里保留老房子风味的咖啡馆，有两层楼，每张桌椅都不一样，全是有着岁月痕迹的老家具。我常带着小狗一起窝在二楼窗边的角落，听着店里播放的慵懒爵士乐，安静看书，眼睛累了就看看窗外的路树，以及走过巷弄的大人和小孩。在城市里拥有一个无所事事的放松空间，真的很幸福。讲到秘密基地，每个人都感到窝心而微笑了。有些人喜欢走进大自然的怀抱：

我的秘密基地是位于基隆八斗子的望幽谷。大学时代跟班上同学来郊游，从此就爱上这里独特的美景：绿色的草原、蜿蜒的步道、海边奇形怪状的豆腐岩和海蚀平台，可以站在高处俯视大海，也可以走近海边碰触潮湿的礁岩，每个角落都值得驻足。以前一直以为它叫"忘忧谷"，让我每次想要散心或放空，就骑着摩托车沿着北海岸前来。现在进化为开车族，它依然是我私心最爱的地方，只要来到这里，在草地上躺下，看看天空吹吹海风，就足以忘忧。

有些人的秘密基地就在自家屋子里，一方让人沉醉废寝忘食的兴趣园地：

自从迷上玩拼布，就在客厅的角落布置了一个工作区，有缝纫机、针线盒、各式工具、布料、缎带、纽扣、参考书、作品展示架……只要进入拼布的手作世界，我就浑然不觉时光流逝，沉浸在这个秘密基地里，乐而忘忧。

有些人的秘密基地不是物理空间，而是以文字和创作堆砌而成的心灵空间：

我热爱写作，中学时代就开始天天写日记，长大后，一篇篇博客的文章就是我通过文字打造的秘密基地，每天上网书写，记录生活和心情点滴，跟网友留言互动，是我一天当中最珍惜的心灵时光。

还有一位朋友的分享让大家赞叹不已，简直是弗吉尼亚·吴尔芙（Virginia Woolf，英国作家）《一间自己的房间》的最佳写照：

当初结婚前，为了婚后是否要跟公婆同住，我跟男友整整讨论了三年，先生很孝顺又是独子，他是绝对不可能搬出来的，害我好几次想要跟他分手。我是接案子的SOHO族（自由职业者），习惯在家工作，要我跟公婆住在同一个屋檐下，对我的挑战真的太大了。

经过无数的争吵和泪水之后，我们终于找到解决方案：我在外面租了一间六十多平方米的小房子当工作室，每天吃过早餐就跟先生一起出门，到这个完全属于我的空间里看书、上网找资料、写企划案、画设计图，天黑以后再下班回家。这个一房一厅的舒适空间是我的秘密基地，有了它，我才有信心踏上红毯，在婚姻中仍保有独立的自我。

　　你是否也拥有一个喜欢的秘密基地呢？如果还没有，看到这个起始句之后，会不会感到心动而开始寻找呢？

Note

我有一个秘密基地

今天，有一件美好的小事……

每当你觉得生活无聊、日子太清淡平凡，或者被一堆琐事折磨得疲惫不堪、烦躁厌世，很想要转换心念，召唤一点正面能量时，你会怎么做？

有一个简单的方法，就是把注意力放到美好的微小事物上。现在大家的手机都有照相功能，不妨想象自己是一位摄影师，拿着相机在尘世中游走，通过观景窗仔细观察生活周遭的景物，专注寻找美好的微小事物。

亮亮的阳光在树叶上跳跃、小鸟在公园的沙地上洗澡、孩子纯真的微笑、年轻人在球场上奔跑、小狗撒娇的表情、吃到甜滋滋的水蜜桃、寂静的夜晚站在大楼屋顶仰望流星雨……在这个城市里，美好的小事其实无所不在，只是我们的脚步太匆匆，所以很少看见。

当你拍下这些美好的画面，当然也要书写一下。用照片和文字捕捉当下的感动，即使是很细微的小事也值得一记。久而久之，你就会拥有一本属于自己的"美好小事记录簿"。听起来不错吧！

在我的记录簿里摘出几条我喜欢的美好小事，跟大家分享：

早上到阳台浇花时，发现两个花盆里长出好几株西红柿幼

苗，好可爱。前阵子随手把吃剩的西红柿埋入花盆里当堆肥，没想到种子居然发芽了。植物的生命力真神奇，让人惊喜。

趁着过年前的大扫除整理房间，把可以捐赠的旧衣物打包，书籍装箱，打算寄送到偏乡图书馆。房间变清爽了，还在抽屉的旧皮夹里找到五百元，大乐！

炎炎夏日带着毛小孩到溪边玩水。别人家的狗儿都在水里玩得不亦乐乎，我家胆小的"孩儿"却不肯下水。我抱着它往浅水处慢慢走去，它挣脱我的怀抱逃命式地游上岸，努力甩干身体，还不爽地回头瞪我，惹得大家哈哈大笑。我这位狗奴的地位真是太卑微了。

很久没有抬头看月亮了。今夜带小狗出门散步，看见弯弯的上弦月挂在寂静的夜空，好美。

其他朋友们也分享了身边的美好小事，让正向的情感涟漪继续扩散：

早上匆忙出门赶着开会，来不及吃早餐，走进办公室却发现桌上摆着同事帮我买的爱心三明治，还有一杯香浓的热豆浆。被照顾的心情，好温暖啊！

女儿在幼儿园学了一首新歌，回到家很兴奋地载歌载舞表演给我看，虽然咬字不清、五音不全，根本听不出来她在唱什么，但实在太卡哇伊（可爱）了！立马拿出手机录像，在家族社群里分享给爷爷奶奶看，老人家也笑得乐呵呵。

最近搬新家，今天起床看到窗外阳光大好，勤奋魂发作，赶紧把床单被套通通洗了，抱到顶楼晒太阳。没想到顶楼上别有洞天，一位中年先生坐在阴凉处的藤椅上看书，另一边角落有位奶奶在整理屋顶菜园，孙子在一旁玩耍。都市大楼的楼顶居然有着类似乡间小路的日常风景，真有趣。

今天到咖啡厅小坐，年轻店员为我的热拿铁配上一朵很特别的拉花，我惊喜地称赞她，顺便聊起来，才知道她是夜校生，在此打工，未来的梦想是到巴黎学服装设计，目前正在辅修法文。她是单亲家庭长大的孩子，独立、开朗、认真敬业又温文有礼，看到这么优秀的年轻人，心里真的很感动啊！

今天的你，是否在日常的生活里看到一些美好的小事呢？现在就翻开笔记本，捕捉这个微小片刻的心动和喜悦吧！

Note

今天，有一件美好的小事

最近很有成就感的一件事……

成就感是一种很美好的情绪，它代表着我们的努力得到了正向回报，付出的时间和精力换来了快乐与满足。这种感觉真好。

我们的心灵很需要成就感来加以滋润鼓舞。如果没有成就感，生活将变得平凡琐碎、缺乏乐趣，无法激发行动和热情。只要有了成就感，就像在心头添加一把旺盛的柴火，让我们活得兴致盎然，愿意去尝试新鲜事物，不怕辛苦和挑战。

在生活里寻找并创造成就感是很重要的。譬如，用心做了满桌菜肴，家人吃得盘底朝天，一直说好吃，做菜的人就会很开心；为了参加比赛而每天努力练习，果然得到不错的成绩，高兴得又叫又跳；熬夜加班完成一项企划案，得到老板和客户的肯定，内心感到很骄傲；原本英文很烂，但为了要出去自助旅游，开始认真恶补英语会话，慢慢可以跟外国人沟通……这些成就感为生活带来很多快乐，也让我们越来越相信自己、喜欢自己。

上班族的成就感多半是来自工作，例如达成业绩、争取到新客户、成功研发了新产品、加薪、升职、解决棘手的麻烦等。一位负责采购的朋友写道：

最近很有成就感的一件事是，为了帮公司节省预算，不厌其烦找不同厂商比价，结果碰到老同学愿意给我特别优惠，买到物美价廉的设备与软件，被老板大大夸赞，真开心。

现代人整天面对着电脑，为了平衡身心，手作 DIY 的风潮日益盛行，很多人利用闲暇去学木工、编织、拼布、种菜、自行组装家具，虽然做出来的成品不一定完美，但那份成就感却无可取代。

最近很有成就感的一件事是生平第一次动手粉刷墙壁。身为租屋族，为了省钱只能租到屋况不佳的老旧房子，但又不想住得太委屈，决定把它重新油漆改头换面。我是一枚懒骨头，为了生活质量只好卷起袖子，贡献出我的首刷处女作。

第一次踏进大卖场的油漆部门真是眼花缭乱，还好热心店员帮我找齐必备工具，还用电脑配出我喜欢的色彩。既然要漆，就想要玩点花样，但又不敢太冒险，所以全屋还是以珍珠白为底，然后每个空间选一面墙来玩颜色，客厅放电视的那面墙我漆了温馨的鹅黄色，主卧有一面浪漫的粉紫色，老公书房有一片明亮的希腊蓝，我的书房是放松的浅绿色，餐厅是开朗的橘红色。

我们总共花了两个周末的时间来粉刷，真的好累，漆工也不太完美，有些小瑕疵后来都懒得补救了，但是整个房子焕然一新，我陶醉得一直在屋子里走来走去，百看不厌，不断赞美自己太棒了。我决定下一步要来挑战家具的变身，把餐桌椅和化妆台也漆上漂亮的颜色，玩上瘾了啦！

除了手作 DIY 之外，挑战身体潜能的各种运动也很夯。我身边很多朋友迷上健身，也有人热爱跑马拉松、骑单车环岛、报名参加三铁，每次碰面都听他们讲得津津乐道。连一位自称体力不行的朋友，也提到了一次充满成就感的爬山体验：

前阵子跟朋友去公园玩，原本只想随意走走，但隔壁房间住着一群活力充沛的中年妇女，热情推荐我们去爬榛山步道，说是非常漂亮。我是都市里长大的"宅女"，平时很少爬山，那天不知为何鬼迷心窍，听到这条步道才四千米，决定去挑战一下。

我们吃完早餐后悠哉出发，林道两旁笔直高耸的大树散发着森林浴的清新气息，让我们抱着轻敌之心继续前进。过了步道入口开始往上爬升，前段还算平缓，后来碰到高低落差将近五百米的路段，让我汗水狂飙双腿发软，快要休克。爬得越高，视野越开阔，终于看到壮观的圣棱线，站在海拔两千三百米的观景台上吹着清凉山风，远望蓝天白云下连绵起伏的峻岭群峰，赶快拿出手机拍下这历史性的画面！

本以为下坡会轻松许多，但事情往往不像憨人想的那么简单，那些急下的陡坡让我膝盖发抖得快要抽筋。终于走到终点那一刻，忍不住抱着路边标示里程的木桩大叫：

"我成功了！"能够活着完成这次壮举真是可歌可泣，虽然回家后铁腿一个礼拜，但超有成就感的啦！

越是辛苦付出，得到回报的时候就越快乐，回忆起来也越甜美，这就是成就感的秘密。你最近有没有这样的体验呢？

Note

最近很有成就感的一件事

最近我很苦恼的一件事……

　　每次在课堂上书写这个起始句，都可以听见各式各样的苦恼。从考试、青春痘、跟朋友吵架、恋爱、工作、薪水、夫妻沟通、亲子问题，到买房子、外遇、健康、父母年老的照顾等。总之，人生有苦恼是常态，没烦恼才真奇怪！

　　当我们心中有了苦恼，正是最需要书写的时刻。要分享快乐很容易，但是要找人诉说烦恼却不免犹豫迟疑。这时候，书写就像一个忠实却沉默的好朋友，随时可以倾听你，陪伴你，让你尽情吐苦水。

　　有一次我写到跟朋友之间的冲突，很难过，写着写着，就看见了自己习惯退让、喜欢息事宁人，其实是因为很害怕当坏人，害怕别人对我有负面的评价。于是，我练习跟内心的"坏人"对话，试着站稳立场，摆脱滥好人的包袱，认真倾听内心真实的声音，不要把别人的意见看得比自己更重要。勇敢当个正义者，捍卫自己的权益，感受自己的力量，有一种爽快利落的感觉！我突然感到如释重负，完美主义的面具又松动了一点点。

　　其实，大多数的苦恼都是因为放不下，内心有所执着，脑袋就容易卡住，找不到出路。通过书写、分享和讨论，绷紧的情绪可以释放，也比较容易放下执着，为苦恼松绑。

　　一位朋友写到婚姻里的争吵，引起大家热烈的讨论：

我在娘家坐月子期间，刚好碰到农历年，先生居然要我除夕那天带孩子回婆家吃年夜饭。我很生气，觉得他很不体贴。我可以了解公婆想要抱金孙一起团聚的心情，但是，女人坐月子是很虚弱的，为何要强迫我和宝宝冒着冬日寒气出门？我无法久坐，面对满桌菜肴也吃不下，在公婆面前又不好意思说不吃或想回房间休息，何必让我那么不自在？除夕每年都有，往后的几十年我都要在婆家过年，今年情况特殊，他就不能让我在娘家好好休养吗？

我爸妈当然想保护我，但他们不好意思说什么，怕被冠上"坏亲家"的罪名，最好是我们小两口自己解决，若要跟公婆讨论，当然也必须由我先生出面，我这当媳妇的，爸妈当亲家的，都不好开口啊。

我为了这事跟先生吵了好几次，哭得很伤心，甚至气到想离婚，孩子我自己生自己带自己养，没在怕的。后来先生终于了解我的心情，主动去跟公婆说要让我好好休养，等到月子坐完了，再利用元宵节小过年吃一次团圆饭。公婆很开明地接纳了，这次吵架风波才终于落幕。

婚姻里的性别议题、夫妻之间的沟通技巧、两代之间和姻亲之间的互相尊重与对应，很多人都有深切的体验，通过这篇写作，大家交流了许多实战的智慧，非常有趣！

还有一位朋友写到儿子失恋，让她心疼又苦恼：

我儿子很单纯，这是他第一次碰到情感挫折，看到他每日魂不守舍，不吃饭也不睡觉，整个人消瘦一圈，当娘的我实在很担心。有一次他喝醉酒，像个无助的孩子般倒在地上痛哭，说自己活不下去，我也跟着掉泪，好心疼，一个儿子养这么大，居然为了一个女孩子就不想活，这可怎么办呢？我劝他跟公司请假，回家休息住一阵子，他不肯；我担心他有抑郁症，想陪他去看医生，他也不肯。我叫老公去劝他，但老公本来就不太会说话，只能陪儿子喝喝酒。

感情无法强求，这个简单的道理儿子不是不懂，但他已经被巨大的痛苦吞没，紧紧抓着过去的美好回忆舍不得放手。看着孩子为情所苦，知道他长大了，要自己去经历人生的风雨，当父母的无计可施，只能在旁边干着急，耐心等待和陪伴，让时间来治疗他情感的忧伤，希望这份痛苦早日过去。

听完这篇文章，我请在场的年轻文友们给出反馈，大家纷纷给予这位妈妈鼓励，觉得她做得很好，因为从孩子的角度来看，这时候父母能够给予尊重和理解，就是最温暖的力量。这番话让这位妈妈眼睛含泪，释怀许多。

是啊，情关难过，再苦也只能咬紧牙关亲身去经历，别人真的帮不上太多忙。成年子女已不再需要父母的保护，过多的关心和干预反而是一种不信任，父母要学会放手，安静退居一旁，默默支持和陪伴孩子，相信他有能力度过人生的每一道关卡，这真是父母的一道艰难修炼啊。

人生的苦恼就像海浪，一波未平一波又起，这时候就坐下来写作吧！祝福你早日走出恼人的迷雾，让自己越来越强大！

Note

最近我很苦恼的一件事

最近我的生活有一些改变……

　　"改变"这两个字经常让人害怕，它意味着要离开熟悉的舒适圈，迎接未知。但生命一直在前进，改变是不可避免的。我们从孩子变成大人，从学生变成上班族，从单身走进家庭，从热血青春到白发渐生，每个阶段都要面临新的成长和考验。

　　当改变来临，我们难免惶惑不安。即使是满怀期待的好事，譬如谈恋爱、升职、结婚、生小孩、搬家、退休，在快乐之余也会带来许多压力。更何况有些改变是始料未及或不乐意的，我们还没有准备好，新的状况和挑战就像潮水一样朝着你汹涌扑来，譬如调职、失业、生病、离婚、经济危机等。

　　这时候，通过书写可以梳理复杂的心情，并且鼓舞我们勇敢迎接挑战。

　　一位朋友写到照顾父母的压力，让生活节奏大乱：

　　最近婆婆经常生病，先生不放心，把她接到台北，由我们家和小叔家轮流照顾。家里突然来了一个老人家，一切生活步调都要改变。她习惯早起，我只好跟着起床，帮她准备早餐；她的牙齿不好，我把食物煮得软烂她却不爱吃，我只好一直变换菜色，试着找到她合胃口的烹调方式；她不肯吃药，老是自怨自艾说年纪大了宁可早点死掉不要活受罪，我每次都要好说歹说软言安抚；她很宠孙子，完全不顾我的原则，让我很为难，怎么说都不听。还好有小叔家可以轮替，让我喘口气，不然我真会抓狂。

我有个朋友也是照顾婆婆很多年，以过来人的经验劝告我："照顾病人要放松，要柔软，不要想跟她讲道理，尽量顺随她的心意，她开心就好。"这真是一个蛮困难的功课。

照顾长辈真的很不容易，既要同理体贴对方，也要懂得适度照顾自己。放松和柔软确实是很重要的提醒。

还有一位朋友正在学习放手的艺术：

最近这两年我开始面对空巢期的生活，说真的还真不习惯。首先是儿子到南方念大学，接着女儿去美国做交换学生一年，虽然在理智上我很替孩子们高兴，他们终于长大了，羽翼丰满，可以独立高飞去探索更广大的世界，但是在情感上我却依依不舍，难掩失落之情。他们小时候背着书包让我每天接送上下学的情景宛若还在眼前，转眼间已经长得比我还高，不再需要我的保护，要去开创自己的人生了。家里顿时变得空空荡荡，下班后我只能跟老公大眼瞪小眼，没有了孩子的话题，两人讲话也有一搭没一搭的，非常无聊。

随着孩子长大，身为父母的我们也必须自我调整，阶段任务已经完成，就要学习放手。既然孩子不再需要我们，就必须重新找到精神的寄托，巢可以空，但心灵可不能空虚。

　　这是很棒的自觉。现代人的平均寿命有七八十岁，儿女离巢后，至少还有二三十年的金色岁月，这是一生中最成熟、最自由的时光，肩上的责任都已卸下，唯一的任务就是好好照顾自己，保持健康，随心所欲享受生命。祝福！

　　有时候为了心中的理念和梦想，或者为了突破眼前的困局，我们也会主动创造一些改变，为生活注入新鲜活水，譬如换工作、去进修、告别一段关系等。一位朋友为了改善亲子关系，每天晚上关掉电视和手机，陪孩子念书和说故事；一位朋友为了健康开始早睡早起，每天运动。还有一位朋友为了环保，开始力行减塑减碳的生活：

　　最近我开始改变生活习惯，出门的包包里放着环保杯、环保筷匙、环保餐盒、购物袋，还有两条手帕用来取代面纸和餐巾纸。每天提早出门，不赶时间就可以多走路和多骑脚踏车。

　　以前经常开车或搭出租车，眼前的景物总是匆匆掠过；不然就是搭乘地铁在地底下穿梭，看不到地面的天光和风景，只能坐在车厢里刷手机。现在我经常骑着脚踏车在城市的街道和巷弄间游走，运动之余也增加乐趣。

　　以前在纽约和巴黎自助旅行的时候，每天总要走好多的路。通过走路，我才更贴近地认识那个城市，一步步走过卖热狗的小餐车、小公园、百货公司、美术馆、蔬果摊、咖啡座、随时驻足欣赏街头艺人的演出。现在我打算重拾观光客的那份热情，以走路来多多认识这个每天生活的城市，也为节能减碳尽一份微薄心力。

　　最近你的生活是否有新的改变正在发生？你如何迎接和面对它们呢？

Note

最近我的生活有一些改变

对我有特别意义的一道菜……

　　台湾是美食汇聚的岛屿，大江南北、东洋西洋、酸甜苦辣咸，各式各样的食物和菜肴应有尽有。即使吃遍山珍海味和世界料理，在记忆中总有那么几道菜是特别难忘的，跟生命情感深深连接在一起。

　　对我们具有特别意义的一道菜，通常跟爱有关。它让我们想起亲近的人，或一段特别的生命岁月。奶奶的草仔粿、爷爷的红烧肉、妈妈的麻油鸡、爸爸的豆瓣鱼、外婆的腌笃鲜、外公的酒酿汤圆、情人的蛋炒饭……当我们想着或吃着这些食物，好像又回到昔日，跟过往的历史重新产生联系。

　　我祖母和妈妈都有一双巧手，厨房就像她们的魔法空间，总可以变出一道道美食。所以这个起始句我可以一写再写，每一道菜都勾起不同的回忆。不过有一次，我想到的却是在外婆家的一段往事：

　　对我有特别意义的一道菜，实在太多了，但此刻我却想到一道特别的零食。我小时候没什么玩伴，最期待暑假到乡下外婆家，跟表哥表姐们一起玩。有一次，我们几个小毛头嘴馋，但大家都没零用钱，表哥提议炸丝瓜花来吃，我们立刻兴奋地搬椅子通力合作，把后院丝瓜棚上的黄色花朵摘得一干二净，然后蜂拥到厨房，表哥生火起锅，表姐打一碗鸡蛋面糊，把花朵裹上面糊丢入油锅里炸，又香又脆的丝瓜花天妇罗好好吃啊，大伙儿心满意足、齿颊留香的画面至今仍历历在目。

后来舅妈发现整棚瓜架的花都不见了，气得把我们大骂一顿，因为这样就没丝瓜可吃，也没丝瓜瓤了。还好外婆出面说情，我们才免除被罚的命运。而今童年那些老房子和农田都已经消失无踪，变成高楼大厦，但我每次看到丝瓜，就想起昔日棚架上的金黄色花朵，以及那些洋溢着笑声的童年夏日，好怀念。

一位朋友想起的是妈妈特别为他炖煮的药膳补汤的味道：

每次逛夜市闻到药炖排骨的味道，就会想起妈妈。我天生体质不太好，小时候常生病，个子很瘦很矮，妈妈担心我长不高，以后娶不到老婆，所以从小学五六年级开始，经常炖煮各种药炖排骨或土虱汤给我喝。黑黑的一碗药膳汤，小孩子当然不爱，妈妈就说："吃骨补骨，你吃下去就会长高长壮喔。"至于土虱是因为力气很大，生命力很强，吃了就会跟它一样勇猛。妈妈会仔细帮我把土虱的刺挑出来，半哄半强迫地让我把这些充满中药味的黑汤喝下肚。

这些药膳一再提醒了我的瘦小和软弱，所以我对它们充满复杂的情绪。幸好我初三的时候开始长高，也变结实些了，让我不再为身材自卑。这应该要感谢当年妈妈的一番苦心。妈妈，谢谢你。

一位朋友看了电影《总铺师》之后，想到了爸爸下厨的身影：

对我有特别意义的一道菜，是爸爸的西红柿炒蛋。这是他唯一的拿手好菜，因为他平时是不下厨的，只有我吵着要吃这道菜时，他才会得意地拿起锅铲，把油锅热了，蛋液下锅炒到软嫩成形就立刻盛起，然后油锅以青葱简单爆香放入西红柿，等到西红柿熟了再把炒蛋加入拌炒，撒下葱花，就是一道红黄相间点缀着翠绿葱花的香喷喷美食。我只要有这道菜就够了，可以连吃两碗白饭。

结婚后我才发现，先生家的做法是把蛋液跟西红柿倒在一起炒，变成黏黏糊糊的。我们老是为了哪一种做法比较好吃而展开激烈辩论。但这件事我是不会退让的，爸爸的西红柿炒蛋在我心中具有无可动摇的地位，直到永远。

书写这个起始句真会让人食指大动，不断流口水呢！而且想到那些亲爱的身影，心里也升起一股温暖的怀念！对你来说，你想要写哪一道菜呢？

Note

对我有特别意义的一道菜

我的心里有一首歌……

　　有一次陪朋友去听万芳的演唱会。万芳在台上唱了一首又一首动人的情歌，我朋友一面听歌一面掉泪，她低声跟我说，每一首情歌她都倒背如流，因为它们陪伴她走过每一段爱情的旅程。我点点头表示理解，但很淡定，只觉得这些歌很好听，跟我的生命记忆倒没有太多连接。

　　直到万芳唱了《王昭君》。她带着深深的情感说，这首歌要献给她爸爸，这是他最喜欢的一首歌。我的眼泪突然一涌而上。

　　我想到了自己的爸爸。他最爱听文夏的歌，我的童年几乎是在文夏的歌声中度过。爸爸很会唱歌，尤其唱起文夏的歌特别好听，《快乐的行船人》《黄昏的故乡》《心所爱的人》《悲恋的公路》《无聊的人生》《妈妈请你也保重》……爸爸已经过世十几年，但此刻，他快乐唱歌的神情仍清晰在我脑海中浮现。

　　每个人心里都有一些别具意义的歌曲，悠悠牵动着灵魂深处的情感。小时候妈妈经常哼唱的摇篮曲、爸爸坐在廊檐吹口琴的熟悉乐曲、奶奶一面听收音机一面跟着哼唱的老歌、初恋情人最爱的歌、跟某人共舞时的那首歌……每一首歌都连接着生命里无比珍贵的思念和依恋。

每次在课堂上书写这个起始句，可以感觉到每个人都在心里轻轻哼着一首歌，笔尖不停写着，身体微微摇晃，有人嘴角含笑，有人默默泛泪，每个人的心好像都跟空气中无声无形的音符一起悠悠飘扬。

当我们分享文章的时候，我会请每个人轻轻哼出这首歌。一位朋友以一首温暖的歌来纪念早逝的友谊：

我的心里有一首歌，是周华健的《朋友》。我患有先天性的罕见疾病，从小就在儿童病房进进出出，认识了一群善良又坚强的病友。我们身上都有各自的残缺，不断吃药打针，哭过之后擦干眼泪，还是很努力想要活下去，我们常会彼此分享笑话，互相打气。其中有一个我最好的朋友，他有先天性心脏病，开过三次刀还是没机会长大，在初二的时候去世了。后来每隔一段时间就会听到又有朋友陆续离世。每次我难过的时候，就会播放这首歌，静静想念天上的朋友们。

另一位朋友以一首布袋戏歌曲来想念天上的阿公：

小时候，阿公最疼我。我们家境并不好，阿公却有一种名士派的气质，他很会拉二胡，加入一个南管乐团，经常到庙前的茶馆演奏。在家里，他也常坐在长板凳上，闭着眼睛轻轻拉着二胡自得其乐，那时候电视布袋戏很流行，他很喜欢拉一曲《相思灯》，小小年纪的我就摇头晃脑跟着唱："自古红颜多薄命，红颜薄命，阮也薄命。好梦由来最易醒，好梦易醒，独有阮梦袂醒……"祖孙二人合作无间，逗得阿公眯眯笑。这是我心里最怀念的一首歌，阿公已经去世很多年了，每次思念他，我就会轻轻哼起这首幽幽的《相思灯》。

还有一位朋友想到了青春时代心痛的迷恋：

曾经，我爱上一个不该爱的人，陷入绝望的苦恋中，不知如何开口。要靠近，不可得；要离开，又舍不得。徘徊在进退两难的悬崖之上，手足无措，心慌意乱。有一天她正要练琴，在电话那头问我喜欢哪首歌。我痛苦地闭上眼睛，点了一首张洪量的《你知道我在等你吗？》。不久，温柔的钢琴声通过话筒传来，我躺在沙发上轻轻哼唱："莫名我就喜欢你，深深地爱上你，没有理由，没有原因。莫名我就喜欢你，深深地爱上你，从见到你的那一天起……"这一瞬间，所有的犹豫迟疑和痛楚全都消散无踪。我已没有退路，为了她，纵使坠入悬崖粉身碎骨我也认了，义无反顾。

现在，你的心里有哪首歌的音符正在逐渐响起？它对你来说，有什么特别的意义呢？轻轻地唱出来，然后提起笔来，写下你跟这首歌之间的故事吧！

Note

我的心里有一首歌

我的衣橱里，有一件特别的衣服……

　　每个人的衣橱里，至少都有一件即使不再穿却也舍不得丢弃的特别衣服。

　　它可能带着一段特别的记忆，例如高中时代的制服、大学社团的团服、谈恋爱时穿的情侣装、度蜜月时跟当地小贩买的民族服饰……

　　它可能承载着特别的意义，例如：奶奶亲手织的毛衣、妈妈送的长裙、自己打工存钱买的第一条名牌牛仔裤、心爱球员的背号球衣……

　　它可能具有强烈的风格，跟其他衣服都不一样。例如性感的礼服、华丽的外套、闪亮的缀饰、艺术家的设计、全球限量版的造型等。

　　衣橱里的每件衣服都有一段属于它的故事。尤其那件特别的衣服，它当初是如何进入你的衣橱？你都在什么场合穿它？它对你有什么特殊意义？为何你到现在还保留着它，不舍得丢弃？我们跟生活物件之间的感情连接，也是很好的写作主题喔。

　　为了让课程更好玩，我有时候会请大家把这件衣服带来，看着它甚至穿上它，然后开始书写。可以想见，文章分享时特别热烈，每个人都珍爱地诉说着衣服的故事，往昔的情感也在

209

笔端鲜活地流露出来。

有一次，我穿着心爱的棒球员加油 T 恤现身，跟大家简述一下台湾的职业棒球现况，然后开始分享我的书写：

我的衣橱里有一个珍贵的角落，收藏着兄弟象队的总冠军赛纪念球衣，还有我最心爱的恰恰彭政闵加油 T 恤。每次要进场看球，经典的黄色球衣就会出动；而每当我在理想与现实之间徘徊，需要勇气的时候，就会穿上这件印着恰恰挥棒身影的 23 号黑色 T 恤，让上面那行白色的字句 "Never Never Give Up" 鼓舞我。恰恰坚持操守永不放弃，挺身走过中职黑暗期的敬业精神，总让我升起鼓舞的力量。这些球衣我会永久珍藏，一直陪伴我到白发苍苍。

一位即将迈入熟女阶段的朋友拿出一件娇小的泛白牛仔短裤，放在日渐圆润的腰围上比画，惹得大家都笑了。但她分享的文章却让大家很感动。

在我的衣橱里，有一件大学时代最爱的迷你热裤，其实早就穿不下了，却一直不舍得丢。打开泛黄的相簿，当年的我好清秀好轻盈，留着俏丽短发，穿着印花上衣搭配超短热裤再蹬一双半筒马靴，不爱念书经常逃学，整天混在社团里，跟一群文青死党喝酒唱歌。我的打扮看起来很叛逆很张扬，但其实内心幽暗不安，藏着来自家庭的怨和爱情的伤。天不怕地不怕的外表只是一种保护色，让自己免于在绝望和自苦中崩解溃败。幸好，我安然走过那段迷惘的岁月，终于接通了地气，在创作中好好安顿身心。唯一留下的这件辣妹热裤，用以纪念那个努力在脆弱中假装坚强的自己。

一位朋友带来一件缎面绣花的旗袍，以及两张她穿着这件旗袍在婚礼上宴客的照片。她也分享了一段充满感情的故事：

我的衣橱里有三件奶奶留下的旗袍。我很佩服奶奶那一代的女人，把旗袍穿得如此舒适自然，她很习惯穿着旗袍吃饭、看电视、抽烟、打麻将、逛菜场，就像我们穿着T恤、衬衫一样日常。她穿旗袍也好看，八十几岁顶着一头闪亮白发，就像富贵人家备受尊崇的长辈，但其实她一生很辛苦，一个寡母把五个孩子养大，但她那一身旗袍的优雅自在骗了很多人，或许是她太骄傲吧，不肯让过往的心酸在她身上留下任何痕迹。

奶奶是我们心目中的老佛爷，对孙子们非常宠爱。她过世后，我们珍惜地分享她的遗物，我拿了三件旗袍作为纪念。原本以为这些旗袍只能静静挂在衣橱角落，但我结婚时突然灵机一动，把这件旗袍拿去修改，作为我的宴客礼服。穿着奶奶的旗袍走向人生的下一个阶段，对我意义很重大，好像奶奶就在身边陪伴我，让我更有勇气升格为人妻人母，像奶奶一样用生命和爱来守护自己建立的家庭。我相信这是奶奶给我的祝福，我会努力的！

在你的衣橱里，藏着哪些关于衣服的故事呢？

Note

我的衣橱里，有一件特别的衣服

我有一个可爱的朋友……

　　这个世界上如果没有一些可爱的朋友，将会多么寂寞啊！朋友跟家人不一样，朋友是自己选择的。所以，有缘成为朋友就表示彼此都看到了对方可爱的一面，互相了解欣赏。我们一生中会结交到很多好朋友，其中总有一些特别的朋友在我们心里占据着比较鲜明的位置。今天就来写一个你很喜欢的可爱朋友吧。

　　要描写一个人并不容易，因为人是很复杂的，每个人身上都有许多面向，心灵写作短短的十分钟书写根本不可能写得周全。所以这个起始句就从一个简单的角度切入：你为何觉得这个朋友很可爱？从这个朋友身上最吸引你的特质写起，开始回想你们的友谊。这个起始句让我想起很多可爱的朋友，心里升起一股温暖。有一次，我写到一位久已失联的朋友，不知道她现在过得如何？

　　我有一个可爱的朋友绮，是初中时代的死党。当时我们都活在联考的压力中，内心有一种说不出口的苦闷，但她却有着细腻浪漫的情怀，是她逼我每天背一首唐诗，是她介绍我看琼瑶小说，以及简·奥斯汀的《傲慢与偏见》、海明威的《永别了，武器》、施托姆的《茵梦湖》、梭罗的《湖滨散记》，还有我最爱的赫曼·赫塞。

她长得漂亮优雅斯文，却很喜欢打水仗，炎炎夏日的周末我们到学校看书，累了她就邀我各自站在长型洗手台的两端，打开水龙头，用清凉的水柱互相喷洒攻击，大笑大叫，然后全身湿漉漉站到太阳底下晒干，好像两个疯狂的傻瓜。

是她带领我走进文学和阅读的世界，用以对抗苍白无聊的青春。可惜高中之后我们考上不同的学校，然后我又到台北念大学，两人渐行渐远。写到这里，突然很想念这位失联的青春好友。

还有一次，我写到一位暴走族的好友，自己也是边写边笑：

我有一个很可爱的朋友，个性跟我相差一百八十度，完全互补。我比较压抑，很少生气，她却脾气暴躁，一点小事都暴跳如雷；我喜欢慢条斯理，她却缺乏耐心，动作很快却常丢三落四；我习惯替人着想，碰到冲突就开始自我反省，她的口头禅却是"气死我了、对方太过分、我为什么要忍让"；我很胆小怕事，只求自扫门前雪，她却充满正义感，看到不公平的事就会多管闲事插手，经常去管别人的瓦上霜；我讲话向来温和婉转，担心说错话会伤到人，她则坦率直白，想到什么就脱口而出毫不隐藏。个性反差这么大，居然还可以变好朋友，还真是奇迹。

几年前她决定离家去念书，我突然蛮想念她的，因为我身边再也没有这么直率冲动的朋友。不知道她拿到学位之后，个性会不会改变呢？

我很喜欢这个起始句，总是趁机提醒大家：浮上我们脑海的每一个朋友其实都不完美，但完全无损于他们的可爱，也无损于我们心中的情谊。同样地，我们自己也不需要追求完美，只要认真活出自己的特色和个性，真诚与人相待，就可以拥有美好的友谊。

有一位朋友的书写也很动人，放在这里跟各位分享：

我有很多好朋友，但是讲到可爱，W绝对排第一名。

她很有创意，充满热情，但是她也很麻烦，相当任性，而且非常非常幼稚。她很容易让我心软。她总是放我鸽子，但我一直原谅她；她一天到晚跟情人、小孩吵架，每次听到理由，我可以理解她为什么伤心，却又忍不住笑出来，因为实在是太乱七八糟。

反正不管怎样，我都会轻易地原谅她。因为我在她身上看到，人虽然在童年受到很深的伤害，还是很努力想要好好活下来，想好好长大，想当个好大人。虽然要挣脱过去的阴影真的好困难，但她还是一直很努力让自己活出阳光和温暖，从没放弃。光是这一点，就足以让我认了这个朋友。

当我们懂得欣赏别人的可爱，就不会活成一座孤岛。讲义气、才华横溢、善良体贴、温柔细腻、热心肠……当我们身边被这些可爱的朋友所围绕，生命也会变得丰富多彩。

现在，你决定要写哪个朋友了吗？

Note

我有一个可爱的朋友

那一刻，我被大自然感动了……

　　最近这几年，大自然的疗愈力量渐渐受到重视。现代人整天生活在城市里，眼里只剩下高楼大厦和车水马龙，身心都累积了许多压力，若能抽空到大自然里走走，看看高山与森林、碧海与蓝天，仰望宇宙星辰的浩瀚，感受动植物的生机盎然，对于身心灵的舒展和释放有很大帮助。

　　接近大自然还有一层更深刻的内涵，就是人文情怀的苏醒，让我们发现在短暂渺小的自身之外，还有一片亘古长存的无尽天地。人在天地之间并不是孤独的存在。人类从出生到死亡，一辈子都受到大自然的滋养和照顾，天空、海洋、群山、溪流、绿树、草原、形形色色的动物、植物和矿物，形成一个丰富多元、生机盎然的生态圈，让人类与众生代代相传，繁衍安居。我们都是宇宙的子民，是浩瀚时空里的旅者，有了这一层感悟，生命的视野和胸襟会很不一样。

　　我的右脚不太方便，很少运动，但是很幸运地我还是有机会走进大自然，接受壮丽的洗礼。大学和研究所时代，我跟同学们一起健步走，一步步陆续走过台湾省的中横、北横和南横，连续数日行走在高山峻岭之中，感受着鬼斧神工的绝美。我也曾经出去旅行，到过中东的沙漠、欧洲的阿尔卑斯山、东南亚的热带丛林，眺望过大西洋和太平洋的汹涌辽阔。这些心灵被深深触动的时刻，让人永难忘怀。

被大自然感动的时刻，不一定远在他方，我们身边的土地就蕴藏着无数美景。一位朋友写到了故乡平原的绿色农田，还有一位朋友写到澎湖海滩上的星空：

我是在农村长大的田庄囡仔，小时候屋前屋后都是稻田，随着季节而播种、插秧，从绿油油的秧苗慢慢变成金黄色的稻穗，是童年熟悉的美丽风景。长大后离开家乡，稻田景象也在记忆中逐渐淡去。

前一阵子，我在工作和情感上碰到很多挫折，让我对人性感到困惑，心中充满绝望。灰心丧志的我决定回乡下老家散心。当我走上田埂，看到幼时熟悉的景象依旧，微风吹过绿油油的秧苗，水面倒映着天空的云彩，我突然哭了起来。我仿佛又变回那个在田埂间无忧无虑奔跑的孩子，被生生不息的大地守护着。我蹲下来触摸潮湿的土壤和柔韧的青草，回想童年的简单纯真，心中阴霾慢慢散去，渐渐升起一股勇气，又有了踏实向前的力量。

大四毕业那年，一群死党相约到澎湖旅行，我们租了四部摩托车，在淳朴人情味的小岛上自由穿梭，干旱地面上随风摇曳的天人菊，映着蓝天大海非常漂亮。晚上吃过海鲜大餐之后，我们一群人躺在望安的海滩上，在海风和浪潮声中仰望繁

星灿烂的夜空，每当有梦幻般的流星划过，大家就惊喜尖叫。我默默在心里对着流星许愿：希望踏入社会后无论碰到多少困难，都莫忘初心，要一直往梦想的道路前进，也希望这份珍贵的友谊永远不变。寂静夜空中的满天星斗，似乎正默默倾听着我的愿望，也安抚了青春心灵的不安与离愁。

有一次我在花莲搭了一艘特别航程的赏鲸船出海，这是我第一次从海面上凝望东海岸的中央山脉，那美丽的画面到今日还鲜明留在脑海：

那一天，我们大清早就摸黑上船，慢慢驶出港口，在太平洋上等待日出。金黄色光芒从海平线慢慢浮现，逐渐唤醒黑色的海面，越来越亮，一轮金色太阳终于升上海面，在一望无际的粼粼海上映照出闪烁金光。两三群活泼的海豚兴奋地庆祝新的一天降临，顽皮地在船身附近快速洄游穿梭追逐，在众人的欢呼声中不停跃出水面飞旋转身快乐炫技。太阳越升越高，金色光芒慢慢照亮崎岖高耸的清水断崖，我们从海上望着这片雄伟壮阔的海岸美景，这就是当初让荷兰船员衷心赞叹的台湾岛，美丽神奇的海上岛屿，也是我们安身立命的家乡，心里升起无限感动。

你也曾经有过被大自然感动或疗愈的经验吗？把它书写出来，对大自然表达心中的感谢和敬意吧！

Note

那一刻，我被大自然感动了

我想送给自己一份礼物……

　　我很喜欢"送一份礼物给自己"这个概念。世界上最了解你的需要和渴望、最希望你开心快乐的人，就是你自己。所以由自己出手，一定可以送出最贴近内心情感的特殊礼物。我没什么钱，最喜欢送自己的礼物是"时间"。二十九岁时，我送自己半年时间到欧洲和以色列流浪，疗情感的伤；三十五岁时，我送给自己两年到美国进修，一圆留学的梦想；四十三岁，我送自己十天去参加内观禅修，厘清生命的困惑；四十五岁，我送自己三年时间移居花莲，尝试电视剧本的写作。最近几年，我送给自己一段更长的时间，离开职场专心照顾身体，玩戏剧，玩乐器，开展表达性艺术治疗的兴趣。现在回头看，我送给自己的每一份礼物都非常珍贵，这些时光在我的心灵深处闪闪发亮，让我以自己的方式踏上疗愈和成长的路途。当我邀请大家来书写这个起始句，果然激发出许多人内心的欲望，兴奋地为自己规划一份特别的礼物。举一些例子跟大家分享：

　　我想要送给自己每周半天的自由时光。在这个时光里，我要暂时拿掉各种角色，我不是太太、不是妈妈、不是女儿、不是媳妇、不是上班族，我是纯然的自己。在这个时光里，我可以自由自在做任何想做的事，我可以看书、画画、写作、练瑜伽、去逛书店或美术馆、去看电影或去漂亮的咖啡厅喝下午茶，任何人都不可以吵我，我也会关掉手机和电话，全然享受一个人的自由。孩子已经长大到可以照顾自己了，我的这份礼物应该很快就能够兑现。

我想去学钢琴，当作送给自己的四十岁生日礼物。小时候家里很穷，我很羡慕那些穿着美丽小礼服、梳着整齐辫子，挺直背脊优雅弹着钢琴的女孩，这不是我这个穷孩子可以企及的梦想。前阵子走过一家音乐教室，优美的音符传入耳际，突然想起小时候的渴慕心情。我去拿了课程简章，心里很兴奋，我决定去报名钢琴初级班，满足童年的梦想。

我本来想要送自己一趟海岛度假的旅行，却忙得抽不出时间。最近好疲倦，等不到出去旅行了，决定先上网刷了五星级温泉饭店的一泊二食外加全身精油香氛SPA。这个周末我就要去享受慵懒贵妇的幸福时光，让身心放空，脑袋停摆，好好休息一下。

我想要送自己一份礼物，去日本念语言学校，深入体验日本的生活和文化。这是一份大礼，所以我正在努力存钱。另外我也想去看极光，如此贪心的我，真的必须勒紧裤带省吃俭用啊。

我最想送自己的礼物是西藏之旅。每次有人问我最想去哪里旅行，我就想到西藏，它对我而言已经成为一种象征：遥远、神圣、困难、昂贵、宁静、充满神秘力量、跟天堂和神很接近，灵性的故乡。想了很多年都没有行动，或许是该好好开始计划了。

我一直有个田园梦，想要亲近大地，亲手栽种无毒的蔬菜水果，健身又健康。我也希望下一代孩子多多接触泥土和自然，到野外跑跑跳跳，不要整天读书考试和玩手机、玩电脑。最近跟朋友谈起，他愿意租我一小块地，让我周末去玩玩。我决定把它当作送给全家人的礼物，大家一起去假日休闲农场玩种菜。

看了这么多例子，你的心中是否也有灵感了？你想要送自己什么样的礼物呢？

Note

我想送给自己一份礼物

第五章

心灵书信：

勇敢说出心里话

　　我们每个人的心里，总是藏着许多未曾表达的情感、未曾说出口的话语、未曾爆发的委屈和愤怒、未曾释放的忧伤和眼泪。

　　那就通过书写，让它们自由吧。书信体是很不错的写作方式。我们可以把那个熟悉或陌生的、久违或亲近的、充满爱意或怨怼的身影，呼唤来到眼前，然后打开心门，勇敢跟对方诉说内心的话。

　　书写的世界是自由且安全的。你终于可以尽情书写、尽情表达、尽情发泄。哭泣或大笑、挥拳或拥抱，都没关系；面目狰狞或温情洋溢、在地上打滚或仰头长啸，也都没关系。充分感受这淋漓尽致的畅快与洗涤，然后，看看是否将有一种新的情感与洞见，在心底升起。

亲爱的爸爸……

你的爸爸是怎样的一个人？你跟他亲近吗？你们之间可以自在表达情感吗？你有没有什么话想跟他说，却一直不知道如何开口？那就写一封信给他吧。感谢的信、祝福的信、抗议的信、愤怒的信、和解的信……都可以，把你深藏在内心的话语告诉他，让他更了解你，也让他有机会知道你的感受和心意。写信给父母并不容易，因为两代之间的情感牵系如此之深。在成长过程中，我们对父母有过许多复杂情绪，有感谢，也有抱怨，有期待，也有失落，有不耐，也有歉疚，甚至还有恐惧与愤怒，纠结不清。如今我们已经成年，而父母正逐渐老去，我们终于可以用比较成熟的角度跟父母说说话。

我曾经写过很多信给爸爸，有些信寄出去了，但比较牵涉到心灵情感的信则一直存放在我的心灵写作簿里。有一封是他还在世的时候写的：

亲爱的爸爸，我看到你对孙子的宠爱，像个笑眯眯的弥勒佛，心里很感动，但也有点嫉妒。以前你从不曾这样温柔对待我们。年轻时的你脾气不好，很少露出笑容，让我们不敢靠近。感谢岁月，让我有机会看到你内心柔软慈爱的一面。如果我们小时候你就可以把情感流露出来，该有多好？

这一封信则是他过世之后写的：

亲爱的爸爸，你在天上是否一切安好？刚刚我做了一段自由书写，写到你的沉默，我才发现我从小就一直想跟你说话，却得不到你的回应。我们每天的交流只有一句"爸，吃饭了"，你放下报纸"嗯"一声站起来。如此简短，如此乏善可陈。

长大离家后，有一阵子我常写信给你，以轻松口吻跟你报告生活点滴，你从不回信。我回家你也只是笑笑说："回来了，吃饱了吗？"然后就再也没第二句话。我只能静静看着你，一个不愿意让人了解的男人。

现在你已经站在澄明光亮之处，以灵魂的角度看着人世间的一切，而我也更成熟了。我还是会继续写给你，相信在灵魂的层次，我们终于可以跨越语言而互相亲近吧。

有一位朋友说，他没办法叫出"亲爱的爸爸"，他的心中对父亲充满怒气。我鼓励他把这份怒气写出来。

爸爸，记忆中的你，每天都去喝酒，带着迷蒙的醉意回家。你永远把朋友看得比家人重要，宁可在外面喝酒流连，也不愿意回来陪我们。我们看到的永远是醉醺醺倒头就睡的你、吐得满地狼狈的你或者酒后暴怒乱摔东西的你。一个在孩子心中永远缺席的你。这样的爸爸到底是为什么呢？

还有一位朋友也写到跟父亲之间复杂的心结，幸好最后得到了和解：

　　亲爱的爸爸：听到你生病的消息，我的心中五味杂陈。当初，你的外遇不只伤害了妈妈，也伤害了我，伤害了这个家。你的背叛，让妈妈和我蒙上耻辱的阴影，亲友们都以八卦的眼神议论妈妈，说她抓不住丈夫的心，又以怜悯的态度说我没爸爸了。你知道被遗弃的感觉有多痛苦吗？

　　妈妈确实脾气不好，以自我为中心又任性，当你们吵吵闹闹、你狠心离开之后，妈妈歇斯底里的愤怒和眼泪全都丢给了我。这些混乱和破碎就是我的童年。

　　当然我也要谢谢你，离婚后你一直遵守诺言，供养我到成年，我的大学毕业典礼你来了，让我很感动。虽然我的婚礼因为妈妈很介意所以你无法出席，但你特别送来一份红包，也让我忍不住落泪。

　　现在年岁渐长，我可以体谅一段婚姻的破碎是两个人共同的责任，不能全怪爸爸。但是，想到去医院探望就必然要跟当初介入我们家庭的第三者碰面，我心里还是充满复杂的情绪。

　　我还是庆幸我去了。在医院里看到你羸弱的病容，看到她对你温柔细心的照顾，看到你对她的依赖和柔情，我的心里百感交集，心底多年的纠结也慢慢松开。临走前，我跟她说声谢谢，感激她对你的陪伴和照料。几十年的恩怨，终于在你的病榻前，逐渐消解。

　　写给爸爸的信不一定会寄出，他也不一定看得到。但还是必须要写。把心底话写出来，释放深埋的情感，最大的意义是为了自己。你同意吗？

Note

亲爱的爸爸

亲爱的妈妈……

妈妈是影响我们童年最深的人。她是我们生命最初的依恋，也是我们长大后必须剪断的心理脐带。她是我们认识"爱"的第一堂课。

每个人的妈妈都不一样。世界上有各式各样的妈妈：温柔的妈妈、暴躁的妈妈、乐观开朗的妈妈、忧郁寡言的妈妈、勇敢的妈妈、逃避的妈妈、委曲求全的妈妈、任性要赖的妈妈、洁癖的妈妈、懒惰的妈妈、严厉的妈妈、少根筋的妈妈、活力充沛的妈妈、生病软弱的妈妈、过度保护的妈妈、缺席的妈妈、爱面子的妈妈、偏心的妈妈、孤独的妈妈……每一个妈妈的性格和管教方式是我们童年里最鲜明的那抹色彩。

而今你已成年。当你回望过往，妈妈在你生命中扮演什么角色？如果你要写一封信给妈妈，你最想要跟她说什么？

歌颂母爱的文章很多，在此就不举例了。倒是抱怨文都蛮有意思的，成年子女通过和母亲之间的冲突，可以更清晰地看见自己想要的人生。

亲爱的妈妈：这次母亲节，我兴冲冲想要带你出去玩，果然又被你泼了冷水。"浪费钱"不但是你的口头禅，更主导了你的生活，"不用去日本玩，浪费钱"；"不用送礼物给我，浪费钱"；"不用再买衣服，浪费钱"；"厨具和沙发还好好的，不用换，浪费钱"；"在家吃饭就好，何必去餐厅，浪费钱"……

我知道你是体贴我们，不想让我们花钱，但是你知道世界上有一种东西叫作"生活乐趣"吗？你一生克勤克俭为家人辛苦付出，现在让我们回报你，并不为过。我好希望你的口头禅可以改成"谢谢"，欣然接受我们的邀请，一起享受生活，创造欢乐的回忆，可以吗？

亲爱的妈妈：对不起，我们又吵架了。我说"对不起"并不是因为我错了，而是我的态度不好，这一点我很抱歉。但我还是想告诉你，我觉得跟你相处好疲倦，就算我有洪荒之力也会被你消耗殆尽。

像这一次，你又唠叨着担心我没结婚，老了怎么办？这个千年话题，你就不能放过我吗？你自己的婚姻又没多幸福，为什么老认为我非结婚不可？归根结底，你从来不信任女人有独立自主的能力，就算我再优秀再快乐，你还是认为我应该找一个男人依靠。你一直拿你的观念套在我身上，这是我们之间长久以来的问题，我已经懒得跟你辩驳。

但你这一次居然晋级了，看到我跟小侄女玩得很开心，突然异想天开说："把她过继给你，这样你老了才有依靠。"还认真跟小侄女说以后要当姑姑的女儿，要孝顺姑姑，把小侄女吓哭了，立刻躲到她爸妈身后不敢靠近我，生怕被我带走。

　　我真的怒了，你有必要这样吓小孩吗？看到小侄女那么害怕，你还振振有词说，弟弟家有三个孩子，分一个给自己姐姐有什么关系？我听了更生气，小孩子是用来防老的物品吗？小孩子有很细腻的感情很容易受伤害，你知不知道？你以前就老爱开玩笑说：我们是垃圾场捡回来的，如果不乖就要把我们丢掉，不要我们了，现在同样不顾虑孙女的感受，随口就要把她送人，这种话真的让我很难忍受。

　　你知道吗？就算我有结婚，我也不会生小孩。我要的人生跟你完全不一样。你从来不知道我要什么，却口口声声替我担忧操心，然后一直想用你的价值观来圈限我，这样真的好累啊！

　　亲爱的妈妈，我爱你，但是我不会听你的话。我是成年人，我很努力在追求自己想要的人生，而且越来越快乐。请给我祝福就好，好吗？

　　写信给妈妈或爸爸，不是为了改变他们。唯一能够改变的只有自己。通过一次又一次的书写，我们学会释放积压的情绪，挣脱来自父母的枷锁，并且设立柔软弹性的界限，消弭冲突，让爱浮现。这是成年人为了疗愈自己的必修功课。

　　想要跟妈妈说的话可能一辈子都写不完。没关系，一封一封写吧。今天，你想要跟她说些什么话呢？

Note

亲爱的妈妈

亲爱的自己……

　　我有一个朋友很喜欢旅行，每到一个陌生的城市就写一张明信片寄给自己。当旅程结束回到家里后，这些亲手书写的明信片也纷纷寄达，让她再次忆起旅途中的种种心情。

　　写信给自己是很不错的一个概念。你有多久没有跟自己说话了？你有多久没有静下来，关心和倾听自己？你有多久未曾问自己："你开心吗？你快乐吗？你需要什么吗？"

　　如果你习惯在家里独自写作，建议你站到镜子前面，专注地凝视自己：你看到一双闪闪发亮的眼睛，还是黯淡无光的眼神？你看到自信上扬的嘴角，还是疲惫慵懒的苦笑？你看到了跃跃欲试的青春，还是细微的皱纹与白发？你想跟镜中的自己说什么话呢？

　　如果是在课堂上，可以通过冥想来看见自己。闭上眼睛，想象自己的面容，浮现眼前的你正在做什么？是兴高采烈地欢呼、心碎地痛哭、害怕地站在角落，还是昂首阔步光彩四射？你想要对眼前的自己说些什么呢？

　　有一阵子我常失眠，夜半辗转反侧，干脆起床书写：

　　亲爱的自己：今天你又失眠了，躺在床上翻来覆去，脑子停不下来。你常常忘记舒解压力，导致肌肉紧绷筋骨僵硬，当然睡不好啊。失眠是一个警讯，表示你该放松一下了，天亮就去泡温泉兼按摩，通过温热的水气和轻缓的推拿，把压力全释

放掉。记得喔，好好疼惜自己，没有什么比这更重要。

一位朋友最近工作升职了，她写一封信为自己喝彩：

亲爱的自己：你太棒了！你又开始攀登一座高峰，负责一整个部门，真是不容易，你一直是个自由自在的家伙，而今却要承担起一个品牌的成败、团队的整合、老板的期待，让你每天忙得团团转，好辛苦啊。但是你不怕苦，因为你有清楚的目标：你想迎接挑战，想更上一层楼，想测试自己可以走多远、做到什么程度，你想证明自己的能力很强大。你有好胜的企图心，一定会得到丰盛成果，毕竟你是无敌乐观的射手座，就算碰到再大的困难也会以正向态度勇敢面对。我非常看好你，加油！

一位朋友参加完同学会回家，心里很感动，写一封信提醒自己珍惜友谊：

亲爱的自己：好久没有看到你这么快乐了。原来跟昔日的老同学聚会，一起打球、笑闹、耍无赖，具有这么神奇的功能，好像突然回到大学时代，重现那段海阔天空的青春时光。当然青春是再也回不去了，但是老朋友还在，应该要多多联络。下次低潮或无聊时，打个电话吧，什么都不必说，只要一句熟悉的"兄弟，球场见"，然后脱掉衬衫领带，换上球衣，风驰电掣奔向球场，让汗水冲刷掉一切烦忧，明天又是一条好汉。记得你们当初耍酷的白痴宣言吗？"再累再废，也要跟你打一场球"，珍惜友谊，千山不必独行，别忘了！

一位朋友面临工作的转换，心里忐忑不安，通过书写安慰自己：

亲爱的自己：有一句话我想对你说，人生其实没有想象中复杂，只要换个角度看，再艰难的事也有简单的那一面。不要害怕改变，只要坚持走在对的方向。这阵子的兵荒马乱，很容易忘记一些最简单的道理：你想要变成什么样的人？你想要怎样的生活？只要回归这个初心，保持冷静，努力往想要的方向走去，就会一步步接近梦想。相信你自己。加油！

一位朋友谈恋爱了，写一封信鼓舞自己：

亲爱的自己：恭喜你，你终于决定放下过去的阴影，勇敢迎接一份新的感情。我知道这是很困难的一步，而你终于跨出去了，我知道你仍会害怕，但是没关系，爱情这首歌，注定要边走边唱，走在爱的路上跟对方一起携手成长。你一定会越来越幸福的！

最近你好吗？你需要被滋养、被陪伴、被照顾、被鼓励吗？有空的时候不妨坐下来，泡一杯咖啡或热茶，安静跟自己相处，写一封信给自己，跟自己谈谈心。这种感觉很不错喔！

Note

亲爱的自己

嗨，小时候的我……

　　写信给小时候的自己，是一种很温柔的感觉。在心灵写作课堂上，有时候我会请大家闭上眼睛，全身放松，回想小时候的自己。此时浮现在眼前的小小身影，是几岁的你呢？你正在做什么？长大的你如果有机会走到这个孩子身旁，你会跟小小的自己说些什么呢？

　　我很喜欢这个练习，每次浮上脑海的画面都不一样。有一次，我想到的记忆是第一天上幼儿园，我因为赖床没赶上校车，爸爸只好骑车载我去，在幼儿园门口我看到老师们已经带着小朋友们在广场上集合，我觉得好丢脸，不肯进去，就站在外面哭了起来，直到老师走过来劝慰，我才低着头默默加入队伍里。我写信给这个贪睡又脸皮薄的孩子，告诉她，我到今天还是这样子呢，真是糟糕啊！

　　一位朋友想起六岁时的一个画面：

　　嗨，爱耍脾气的小小文，好久不见。我看到你正在伤心大哭。那天，全家要一起出游，你原本好期待，出门前却为了穿衣服而闹别扭，爸爸等得不耐烦，威胁说："再闹你就留在家里，不带你了。"你心里害怕，开始哭闹，爸爸突然变脸，气冲冲地带着妈妈和哥哥出门，把你丢下。

你泪眼汪汪看着他们的背影，尖叫嘶吼抗议，但没有人听见。他们都去玩了。你很惊慌，觉得被遗弃了，好像全世界只剩下你一个人，只有你的哭声在无人的屋子里回荡。

虽然爸妈后来又转回家来接你，但是你的心里好像有一个地方被深深刺伤了。你以后再也不敢任性，很害怕再次被丢下不管。想起这个往事，我的心涌起一阵疼痛。我想把你抱入怀里，跟你说：傻孩子，别怕，没有人会抛弃你。你被吓到了，但是没关系，你会好好长大，而且身边会一直围绕着很多爱，因为你值得被爱。收起眼泪吧，你的未来一切都很好，真的。

有时候，我也会请大家带一张童年的照片到课堂来，写一封信给照片中的自己。一位朋友带来九岁时爬树的照片：

嗨，亲爱的小小容，你实在太可爱了。你顶着自然卷的蓬松短发，好像一头小狮子，天不怕地不怕，你的个性积极主动超级人来疯，经常像一个酋长般号令所有邻居小孩，在学校也是。你不喜欢女孩子的游戏，最爱跟男孩子挑战，你觉得女孩子的能力不会输给男孩子，赢男孩子更能证明你的好胜心。这么粗鲁霸气的你，长大后是好动开朗的我，真不赖，哈哈哈。总之，你是一个很棒的孩子，而我也是很不错的大人呦。

另一位朋友带来八岁左右的照片，他跟奶奶站在古老的三合院前面：

嗨，孤单的小皮，看你的表情，想必又不开心了。你从小住在乡下，爷爷奶奶很疼你，但你心里总是有一个洞，渴慕着远方的爸妈。

早熟懂事的你，是个乖巧听话的孙子，会陪爷爷去巡视果树，陪奶奶去照顾菜园，还会帮忙晒萝卜干、腌酱菜、晾衣服、摘柑橘和地瓜。邻居都称赞你是贴心的好孩子，没有人知道你内心的寂寞。只是有时候，奶奶叫唤你吃饭，你会故意假装没听见，望着满天晚霞沉溺在自怨自艾的伤感中，盼望早日回到台北跟爸妈团聚。

而今，看到照片里奶奶慈祥的笑容，和那座早已被拆除的三合院，突然想起许多画面：屋旁的龙眼树、夏夜的萤火虫、清亮的鸟叫声、绿油油的稻田和白云蓝天。以前我一直哀怨童年与爸妈分离的阴影，让我缺乏安全感，现在我突然明白，爷爷奶奶的家已经变成我心灵的原乡，难怪我现在每次心情不好就想离开都市到乡下走走，去看看绿色田野。大自然总是默默地倾听我的思念和寂寞、接纳我的自怜和忧伤。爷爷奶奶也跟大自然一样，默默疼惜着我这个有点孤僻的孩子。

此时此刻，我想仰头对着天空说：爷爷奶奶，谢谢你们！我好想念你们！

小时候的自己，单纯而柔软，有点脆弱，像嫩芽一样散发着清新明亮的能量，仰着头幻想长大以后的世界。那个孩子一直活在我们心里。

现在就乘着记忆之帆回到过去，跟小小的自己说说话吧！

Note

嗨，小时候的我

嗨，亲爱的十七岁……

青春期大约是十三岁到十八岁，宛若一段战国时代，对内要面对荷尔蒙大喷发，身心变化剧烈，对外要忙着卷进升学压力的旋涡，为未来的生涯寻找方向。童年渐渐远离了，每个人都踩着摸索的脚步，在心里勾勒着成年世界的模样。

在这个阶段，一半孩子一半大人，一半依赖一半独立，生命的梦想开始孵育，意气风发的小舟准备扬帆，渴望前进又不免害怕，分明天真却想要装老成，内心充满矛盾冲突，经常在自信和怀疑之间摆荡。但青春毕竟是无可阻挡的，就像一棵绿色小树举起枝丫努力朝向天空伸展，那股旺盛的生命能量真让人无比怀念啊！

写信给青春期的自己，也是我很喜欢的写作主题。这个阶段的任何年龄都很值得书写，不过我最常邀请大家书写十七岁。

十七岁是一个很特别的年纪，青春期到了尾声，有点成熟但还没办法自立，羽翼渐丰但仍无法高飞，大人般的身体里还包裹着未成年的灵魂。你还记得自己十七岁时的模样吗？当时的你正在为爱情傻笑吗？在为升学压力苦恼吗？在为了挣脱束缚而叛逆不驯吗？在为美好友谊一起奋斗吗？今天的你如果跟十七岁的自己相遇，你会想说些什么呢？

有一位朋友的书写让我很感动。她在十七岁生日的时候，为自己唱了一首歌：

亲爱的十七岁：想到你，就忍不住哼起你最爱的那首歌《隐形的翅膀》："每一次都在徘徊孤单中坚强，每一次就算很受伤也不闪泪光。我知道，我一直有双隐形的翅膀，带我飞，飞过绝望。"心里升起一股暖暖的温柔。你的童年不像一般孩子那样幸福。小学三年级的时候爸妈离婚，你原本是跟妈妈的，后来妈妈谈恋爱了，就把你推给爸爸。但爸爸也忙着交女朋友，根本没时间管你。你的功课一落千丈，在学校里没什么朋友，放学回到家里也是空荡荡，只好晃去外面买便当吃，没有人关心你的存在。爸爸和妈妈都各自再婚，有了新生儿，你变成多余的小孩，徘徊在两个新家庭之间，成了最尴尬的陌生人。爷爷奶奶不忍心你一直被冷落，把你接回南部，你才终于拥有一个稳定的家。爷爷奶奶给你很多爱，想要弥补你内心的伤痕，你都知道，而且充满感激。你每天认真写功课，不让爷爷奶奶为你操心。当同学们整天在挤青春痘、陶醉在恋爱梦里，你只想好好读书考上好大学，成为爷爷奶奶的骄傲。你比同年龄的孩子早熟，从来没有叛逆期，每年生日很开心拆开爷爷奶奶送的礼物，从不期待爸妈会记得。你知道，有爷爷奶奶的爱就够了，足够你好好长大。

你是对的。今天的我可以骄傲地告诉你：爷爷奶奶的爱非常强大，足够我们挥别过去的所有阴暗，尽情去追求梦想，成为一个负责任的大人。因为我们拥有一双隐形的翅膀，陪伴着我们勇敢去飞翔。

你的十七岁是什么样子，你还记得吗？

Note

嗨，亲爱的十七岁

亲爱的主人，我是你的身体……

　　我常开玩笑说："很多人一直在寻觅灵魂伴侣。其实唯一能够陪伴灵魂一生一世的，就是我们的身体。"当我们诞生，灵魂就搭乘着身体这一艘小船，在世间汪洋里乘风破浪，经历一切风风雨雨和喜怒哀乐，直到死亡那一刻来临，灵魂和身体才会分离。

　　既然身体这么重要，我们的灵魂是否有好好珍爱它，经常对它表达感谢呢？

　　好像没有喔。现代生活的压力常常让我们忽略身体，甚至拿身体出气。饿了不吃，累了不休息，晚了不睡，还常站在镜子前面摇头批判："眼睛要再大一点多好""双下巴好讨厌""腰围越来越粗啦""小腿不好看，害我不敢穿裙子，只能穿长裤遮丑"……

　　身体好委屈，都要哭了。为了提醒大家重视自己的身体，我会进行一种拟人化书写，请大家挑选一个自己最不满意的身体部位当主角，向你本人表达抗议。这样的写作很有趣，请看这些例子：

　　　　亲爱的主人，我是你的眯眯眼。你从小就一直嫌弃我，每次拍照都要我用力睁大，化妆时也总是刻意想把我修饰得体面些。你从来不会赞美我，完全忽略我的贡献。我是你的灵魂之窗，如果没有我，你怎么看得到这个美丽世界？怎么欣赏那些漂亮的艺术品？怎么跟你心爱的人互相凝望？请你不要再批评我，请好好赞美我，珍惜我，不要再整天盯着电脑和手机，请你带我去看看远方的青山绿水，让灵魂之窗永葆健康，可以吗？

　　亲爱的主人，我是你弯弯的脊椎。我一直站在你背后，因此你从来不曾看见我，也不关心我，直到最近你经常腰酸背痛，医师帮你照 X 光，你才惊讶地发现我早已失去挺拔的英姿，扭曲成弯弯的弧度。你长期姿势不良，又老是窝在沙发上不运动，现在医师叫你要复健、要伸展、做瑜伽，你要乖乖听话喔，我是不可能恢复了，但我也不想再继续恶化，难道你非要把我推上手术台才甘心吗？好了，不要老坐着，赶快站起来动一动吧！

　　亲爱的主人，我是你可怜的胃。你是个爱吃鬼，甜咸酸辣冷热不忌，为了满足口腹之欲，烤牛排、咸酥鸡、麻辣锅、泡面、冰激凌通通往我这里送，也不管我是否工作过量，能不能负荷。更过分的是，你特爱吃消夜，吃完你就呼呼大睡，我却要熬夜加班消化这些食物。最近我累了开始抗议，医生用一支细细长长的管子伸进来偷看我，才发现我过劳的狼狈模样。这下子你该节制了吧。请你开始爱护我，吃东西要细嚼慢咽，要保持清淡，而且只能吃八分饱，要让我有时间休息。如果你再虐待我，小心我生气罢工，到时你就什么都别想吃啦！

这样的写作蛮有意思吧！你的身体是否也蠢蠢欲动，想要对你发出抗议信和咆哮信了呢？

我们的身体并不完美，甚至有些缺陷和病痛，譬如我的右脚不好，曾经让我感到很自卑。但现在我已经不介意了。毕竟，这副身体是我们活在世间最亲密的伙伴，没有了这副肉身，灵魂将无处栖息，只能归返缥缈的天堂。我感谢它都来不及呢！

不论身体高矮胖瘦、健康或虚弱，都值得好好被接纳、被善待、被珍惜。请不要再批评嫌弃它，要多多欣赏它赞美它，多倾听它的抗议，了解它的需要，好好爱护它啊！

Note

亲爱的主人，我是你的身体

你曾经伤害过我……

人生在世，在各种人际关系的碰撞中，谁的心上没有一些大大小小的伤口？只是有些伤比较轻，很快就好了；有些伤却相当沉重，当时的痛楚到今天仍记忆犹新。

你愿意写一封信给伤害过你的人吗？你愿意重新面对这些伤痕吗？

写这封信不是为了对方，也不是要你宽恕或原谅。一切的书写都是为了要善待自己。如果心里有伤，对某人有恨，不要把这些负面能量积压在心里，通过书写来释放是很安全的一种方式。边写边哭、边写边骂，都没关系，不需要压抑，写过、哭过、骂过，情绪也会得到一些宣泄。

不要期待一次书写就可以疗愈伤痕。越深的悲伤和愤怒，越需要时间去慢慢处理和面对。它是一段时间的旅程，不要急，慢慢来。不论你是站在疗愈的起点、中途或接近终点，都可以不断书写，一直写到你的心感到自由为止。

一位朋友想起小学老师的势利和偏心，让他差点走上叛逆之路：

你曾经无情伤害我，只因为我家很穷，没办法跟你补习，你的眼睛从不看我。你跟那些有补习的同学嘻嘻哈哈，经常称赞他们，至于班上的穷孩子就任我们自生自灭。因为你，我知道大人的世界很现实，逐渐有了叛逆心，差点走偏，幸好后来碰到一些好老师才让我慢慢走回正轨。你知道一个老师对孩子的影响有多大吗？现在的我决定到偏乡服务，就是希望那些被学校伤害的弱势孩子也有机会得到鼓励和支持。你带给我的伤害，是我今天想要推动教育改革的最大动力。

一位朋友说，妈妈是她最大的功课，也是她最重要的疗愈主题。

妈妈，过去十几年来，你一直在伤害我们。你骂我和妹妹很笨，不会撒娇，所以爸爸不要我们，你还说如果我们是儿子，爸爸就会舍不得。你们离婚是你们之间的问题，为何怪到我们头上呢？我们都想逃离你，考上大学就立刻搬出去，不想再被你的负面能量干扰。

但我们是母女，我如何能逃得了？你年纪越大越没安全感，担心老了之后我们不会养你，所以不断向我们索求，每个月都要汇钱给你，只要迟个一两天，你就打电话一直催逼，还哀叹生女儿就是没用，早晚要嫁人，如果是儿子就不怕老了没依靠。我以前听到这些话总是愤怒又伤心，也因此踏上疗愈之路。现在我已经慢慢看开了，听到你的抱怨只是一笑置之，不再跟着你的情绪起舞。不要太靠近你，不要太在乎你，就不会受伤害，但这样的母女关系还是让我有点伤心啊！

　　一位朋友写到办公室的黑暗面，关于友谊的背叛：

　　为了争夺升迁的职位，你居然在办公室里散布我的八卦和谣言，联合一些同事排挤我。我感到心寒。大家都说在职场不容易交到真心朋友，我还不相信，没想到一点利益果真就让你失去灵魂。后来你得到那个职位，而我离开去寻找更开阔的天空。塞翁失马焉知非福，我很庆幸我当初的决定。

　　一位朋友写到爱情欺瞒的伤痕，幸好她果断脱离不负责任男人的泥沼，终于找到新的幸福：

　　你的欺骗，曾经伤害我如此之深。要不是我无意中从你手机短信里发现你有女友，我还一直被蒙在鼓里。我一点都不想介入别人的感情，你的欺瞒却害我莫名其妙变成第三者，真是太过分了。你一直恳求我原谅，说你已经跟女友提出分手，但她无法接受，要我再给你一点时间。我听了更生气，我为何要背负让另一个女孩痛苦的罪名？就算你们真的分手，我还是会觉得歉疚，我不想让自己落入这样尴尬的处境。

　　我断然跟你分手，但是情伤的后坐力却渐渐浮现。我居然整整被欺骗了两年，有很长一段时间我无法再相信爱情，也无法放心信任男人。直到遇见现在的先生，我才重新打开心门，并且勇敢走进婚姻。

　　有人曾经伤害过你吗？如果你准备好了，就来写写它吧，通过纸上的文字，让这个隐隐作痛的伤口从阴暗处走出来，让它看看阳光，吹吹风，静静陪伴它，等待它慢慢愈合结痂。

Note

你曾经伤害过我

谢谢你，我生命中的天使……

"谢谢你！"是人世间最美好的话语之一。当我们真诚地说出这三个字，表示有人付出了友善与温暖，而我们接受了这份心意，并且深深感激。生命是孤独的，所有的问题和困难都要自己学会面对；但生命同时也是互相交织关联的，当我们陷入迷惘挣扎的时候，经常会有人适时伸出援手，拉我们一把，像天使带来光明和希望，帮助我们脱离迷障和难关。

感谢的心情是一股很棒的正向能量。当我们向人表达谢意，就是把这份正向能量散发出去。每次书写这个起始句时，空气中总是洋溢着明亮温馨的气息，真的很神奇。

一位朋友写信给初中老师，感谢她的鼓励和陪伴：

亲爱的林老师，谢谢你，陪我走过初中的苦闷时期。我从小就很独立，爸妈忙着生计没时间管我，我总是一个人打理好所有事情，上课、考试、写作业都不用爸妈操心。但我的内心是寂寞的，很希望有人能够照顾我，关心我，有状况时能陪我一起经历和面对。可是爸妈有自己的问题和烦恼，根本没有心力关注我的心理需求。我看到同学的爸妈会对孩子表达关爱，心里很羡慕，我们家连交谈都很少，更别说微笑和拥抱了。

我把这些寂寞写在周记上，你开始注意到我，经常跟我聊天，鼓励我。我没什么朋友，分组讨论时你就刻意把我分到活泼的同学身边；我不知道该考哪个学校，你拿很多资料给我参考，为我分析建议；我缺乏自信，你就鼓励我加入社团，通过学习增加成就感。你很像我的大姐姐，让我可以依靠。直到现在，我想起你，心中都充满感谢。

一位朋友写信给过世的妹妹，一面写一面落泪：

亲爱的妹妹，谢谢你，你是我心里永远的天使。我终于能够说出这句话了。当初，你选择结束自己的生命，我无比震惊和伤痛，潜意识里甚至无法原谅你。你一直被抑郁折磨，不止一次提到想要结束痛苦，都被我生气打断。我好害怕你被这个念头牵着走，所以快速转换话题。但最后你还是选择了这条路。

我除了悲伤和不舍，还有怨怒。我怪你：为何要让家人承受这种沉痛？为何你不坚强一点，为何要选择放弃？为此我去参加哀伤辅导和心理治疗，在一次活动练习中，老师说："让我们以爱祝福逝者，让我们记住他们最好的样子。"我忍不住痛哭。我想起许多我们从小到大相处的时光，我想起你的笑容，我想起你爱吃的东西、爱听的歌、爱穿的衣服，我想起的都是你快乐可爱的模样。我开始相信：每个灵魂都有自己的选择。我们在此生相逢，有幸成为血浓于水的姐妹，对我充满意义。你是我心里永远的天使，谢谢你曾经给过我的美好时光！

一位朋友写信给热心的前辈，谢谢她帮助自己克服婚姻的挑战：

亲爱的王姐，谢谢你，陪我走过那段婚姻危机的痛苦。当我知道老公有外遇时，心都碎了，我一直以为我们的婚姻很幸福，原来都是假象，没想到终生相守的誓约如此不堪一击。我第一个念头就是放弃，我无法容忍有第三者介入我的婚姻，我宁愿成全他们。

这时候还好有你。你也是走过婚姻里风风雨雨的人，以过来人身份给我很多实用的建议，例如：面对外遇时首先要保持理智，找到问题症结。重点是我跟老公的关系，完全不需要把第三者扯进来。不要意气用事，不要轻言放弃，但也不要委曲求全。先确定自己要什么，再来讨论下一步。先看看老公的反应，他如果珍惜我，我可以考虑留下；他如果无情无义，那我的反击也无须客气。我们不要伤害别人，但面对别人的伤害，我们也不能懦弱……

你陪着我一步步安定自己的心，厘清脑中的思绪，终于挽救了濒临破碎的婚姻。经过这段波折，我更了解婚姻的真谛。谢谢你，教了我这么重要的一课。

你曾经遇见过哪些热心善良的天使呢？不要迟疑，提笔写一封信表达感谢吧！

Note

谢谢你，我生命中的天使

嗨，我心里的小魔鬼……

每个人的心里都住着几只散发负面能量的小魔鬼。这些小魔鬼很爱捣蛋，常常在我们的内心剧场跑来跑去，煽风点火，忽隐忽现，让我们防不胜防。

小魔鬼的数量众多，族繁不及备载。譬如生气鬼，动不动就爆炸发脾气；讨厌鬼，看什么都不顺眼，凡事都爱批评；嫉妒鬼，长着一双红眼睛，看到别人拥有好东西就超级不爽；自卑鬼，老是低着头缩着肩膀，眼睛盯住地面，唉声叹气自己不如人；狂妄鬼，拿着一把长长的喇叭到处自吹自擂，眼比天高；害怕鬼，整天左顾右盼，胆战心惊，一点风吹草动都吓大跳。

每次讲到这个起始句我都忍不住笑，因为我的心里就是一座热闹的魔鬼帝国，各式各样的妖魔鬼怪全都有，不时就会有一片阴影从我心上飘忽而过。

认识它们之后，就觉得这些奇形怪状的小魔鬼其实并不可怕，有些家伙我从小就认识了，熟悉得很呢！它们最喜欢在我耳边絮絮叨叨，有时候更过分，拿着一条绳索就想牵着我的鼻子走，无非是想要壮大它的影响力罢了。

对付它们最好的方式，就是戳破它们的诡计，保持清醒不上当。如果它们闹腾得凶，就坐下来跟它们说说话。有一次，我写一封信给心里的不安全感：

嗨，不安全感，你怎么又发作了？你好像一个无底的黑洞，我花费再多力气都无法把你填满。怎么办呢？你让我疲惫不堪。我不想再这样下去了。我可不想一直坐在黑洞旁边哭泣，而错失了路上的风景。我决定带着你一起去冒险，不安全又怎样？我们就在害怕中保持前进吧。

还有一次，我写信给最熟悉的老朋友，警告它不要作怪：

喂，自我怀疑，你为何老是不放过我，你很狡猾，平时躲得好好的，让我几乎忘记你的存在，但只要有好的机会降临，你马上蹦出来，在我耳边呢喃："你行吗？你能力够吗？你可不要丢人现眼喔，还是拒绝吧……"

就像昨天我跟客户开会，对方一直强调他们对专业的要求，这时候你又出现了，在我心里搅起一股紧张和惊慌，很担心自己的表现无法让客户满意。但是我决定把你一脚踢开。我在这个行业十几年，又不是菜鸟，我到底在怕什么？老是在担心自己不够好，实在太荒谬了。都是你这个家伙在兴风作浪。我已经知道要如何对付你了。我感谢你的提醒，让我不要自大，要不断充电提升自己，但是我不会因为你的挑拨而放弃迎接挑战，我要抓住每一个机会锻炼自己，证明自己，当我的信心越来越坚定，就是你要搬家的时刻了。哇哈哈！

一位朋友书写到恐惧，也很有意思：

嗨，我心里的恐惧：你一直跟随着我，我居然都不知道，直到女儿生病了，我为了照顾她而焦头烂额，才突然看见你巨大的身影几乎把我团团围住。原来，我一直拼命赚钱，是因为你；我管教孩子非常严格，是因为你；我有完美主义，也是因为你。我的人生一直被你控制，被你的力量驱动。我怕穷、怕病、怕灾难、怕孩子不乖、怕自己出错，重重叠叠的恐惧把我捆绑束缚得喘不过气。

看见你之后，我决定挣脱你的掌控。我先练习放松，尤其是对孩子，不再要求他们完美，出错出糗都没关系，暂停学业也没关系，不必再跟别人比较，只要身心健康就好。接着我练习简朴，不必花太多钱也可以过日子，没钱就省省地过，让我对未来的恐惧降低。

当你逐渐远离，我们的生活也变得轻松很多。慢走，不送啰。

在你心里住着哪些小魔鬼呢？它们对你的生活有哪些影响？你认识它们吗？不必排斥或掩盖，就让它们探出头来，仔细看看它们的模样，跟它们说说话吧。

Note

嗨，我心里的小魔鬼

亲爱的老天爷……

小时候，我是一个不太快乐的孩子，经常沉溺在自怨自怜的小黑洞里，偶尔仰头望着天空，祈求老天爷改变我的命运。但是白云悠悠，长空默默，他安坐在云端高处，根本没理我。

我慢慢长成一个不太快乐的大人，不再跟老天爷说话。后来我踏上疗愈之路，把内心的自卑和忧伤逐渐释放，一步步清理之后，突然发现最后一道关卡就是跟老天爷和解。

原来我对老天爷充满怒气。我讨厌我的命运，讨厌他不回应我的祈求。我不相信他会帮我，所以我一切只能靠自己，在茫茫宇宙中孤独奋战，辛苦漂流。

跟老天爷和解，就是学会相信。相信自己的命运，相信生命中的一切都有意义，相信所有的苦都不会白受，苦难背后都藏着漂亮彩蛋。不以世俗眼光来判断自己的人生，每个人的今生功课都不一样，接纳已经发生的一切，以自己喜欢的步伐继续往前走，就对了。我慢慢跟老天爷和好了。我们之间的友谊不像世俗宗教那么功利，我不祈求他应许我的愿望，只要他听我说说话就行了。每当我仰望天空，以渺小的肉身凝视浩瀚宇宙，向永恒无限的时空诉说着尘世心情，就觉得有老天爷这个大朋友还真不错。不过我有时候也会拜托他一下啦。年初的时候我跟他祈求：

亲爱的老天爷：请赐给我好运，让我抢到五月天和阿妹演

唱会的票。我今年只想看这两场演唱会，其他地方都不会乱花钱，拜托拜托，谢谢！

结果我虽然没抢到票，却幸运地承接了别人的退票。耶！或许他真的有出手相助喔，我仰起头来跟天空挥挥手，开心说：谢啦！老天爷象征宽阔全知、慈悲智慧的巨大能量，当我们写信给老天爷，就是与这股灵性力量连接。仔细倾听每个人写给老天爷的信，都洋溢着对家人的关爱、对幸福的渴望、对美好与快乐的追寻，即使面临惊慌失措、痛苦挫败的处境，还是怀抱着盼望，祈求自己和心爱的人能够克服困境，走向明亮温暖的人生。这些书信都让人很感动。

一位朋友书写到他的孤寂与困惑，向老天爷发出抗议和质疑：

亲爱的老天爷：最近我很像一个虚无论者，质疑一切意义，什么都不相信。我不相信爱情，不相信友谊，不相信未来，每天用尽努力很辛苦地活着，到底是为什么？生命就像拼命堆积木又推倒，不断写作又撕掉，到最后是不是一场空？只剩下一个人和满满的孤寂？我乞求上天指引，给我信心，让我知道这种孤寂感只是一种幻象，我被这个幻象困住好久了，觉得好累。如果宇宙间真有一个无比神奇的力量，请你明确让我知道，让我不再质疑。但是我祈求了这么久，你为何仍保持沉默，不肯给我任何回应？难道连你也放弃我了？

这位朋友觉得自己很虚无，我转头问大家，在这篇文章中听到了什么？大家纷纷反馈说，听到了不断挣扎的生命力、建立又破坏的活力、追寻意义的热情、不愿被放弃的抗议、想要打破孤寂与人连接的渴望等。

我笑着回头问这位朋友："你跟老天爷说了这一大串话，表示你的一颗心根本是热腾腾的，充满火气和能量，不是吗？你自己没有看见吗？"

这位朋友听着大家的反馈，温热的泪水滚滚落下。当他看见自己身上的热情与能量，看见自己的渴望与追寻，努力的方向已经清楚浮现。

还有一位朋友的书写也很动人，他请老天爷见证他走出情伤：

亲爱的老天爷：为了向往日恋情告别，我决定攀登玉山，爬到全台湾离你最近的地方，请你为我做见证。这是我第一次攀登玉山，沿途的岩壁、断崖、碎石、棱线非常惊险，让我专注在脚下，忘记所有思虑。当清晨的太阳从群山中缓缓升起，世界由晦暗的沉睡中逐渐苏醒，慢慢透出光亮，最后光芒四射霞光灿烂，天地无言，却让人莫名地感动。

我仰头看看你，谢谢你让我遇见美丽的爱情，而今我已将这份难舍的爱恋释放到风中。谢谢你！让我的心恢复自由。

你有多久没跟老天爷讲话了？你觉得他在云端高处，是否正静静聆听？现在就仰望天空，跟亲爱的老天爷说说话吧！

Note

亲爱的老天爷

【附录一】
关于心灵写作的 Q&A

Q 1：一定要用纸笔吗？可以用电脑写作吗？

A：当然可以。你可以尝试各种书写工具，选择自己最喜欢的方式。只要把握最基本的原则：想到什么写什么，不要因为输入法的障碍而打断思绪的流动，就行了。不过，纸笔的书写还是很迷人的。随身带着一本笔记本，不管在咖啡馆、地铁上、大树下、公园长椅上、旅行途中，随时随地都可以坐下来写作，手中的笔在纸上奔跑，一个个文字通过笔尖流泻而出，这种身体感会让内在能量更顺畅地流动。所以就算有了计算机，偶尔还是要体会一下手写的乐趣啊。

Q 2：每次一定要写十分钟吗？

A：对于初学者来说，我建议至少要写十分钟，用闹钟计时，很方便。写作也是需要热身的，刚开始的五分钟可以算是热身状态，持续写下去，内心的感受会慢慢浮上来，让你想起更多回忆和画面，让书写越来越深刻。如果没有写足十分钟，可能没机会体验到这种感觉，那就太可惜了。等到你熟练自由书写的方法，就可以随心所欲，想写多久就写多久。最棒的书写状态是写到欲罢不能，浑然忘我，完全沉醉在内心世界，时间在不知不觉间悄悄流逝。根据我的经验，这种高峰经验最常发生在两种时刻，一是痛苦失恋的时候，一是沉醉在大自然里。前者可遇不可求，后者倒是可以自己创造的。我以前到英国旅行的时候，曾经坐在英格兰湖区的美丽湖畔一整个下午，拿出纸笔写作，写累了休息一下，抬头欣赏湖光山色，兴味盎然看着往来穿梭的各国旅客，激发出新的灵感，又埋首继续写。那个在湖畔书写的夏日午后，让我记忆很深刻。所以，偶尔带着纸笔走近大自然吧，去享受绿意盎然的写作之旅。感觉很不错喔！

Q 3：觉得脑袋一片空白，没东西可写，怎么办？

A：只要是你关心的事物，一定有东西可以写。你不一定要在书里寻找起始句，从日常生活去找吧。写你心爱的宠物、此时此刻最想吃的食物、你为何生气、你的旅游计划。写你有兴趣的主题，脑中就会思绪纷飞。你也可以从日常谈天话题中寻找写作点子。例如你跟家人聊到父母年纪大了让你有点担心，或者你跟朋友抱怨教养孩子的烦恼，这些让你深有感触的主题，就是最好的写作起点。你不妨试试看。

Q 4：觉得自己写的东西就像流水账，没什么意义？

　　A：流水账式的书写，通常是只交代很多事情，却没有碰触到感情。这时候你可以运用一些神奇的句子，例如"其实我真正想说的是……""其实我真正的感觉是……""其实我真正在乎的是……"，让这些句子引领你直接切入核心，坦率把内心的真正感受写出来。不要再写那些不痛不痒的事，干脆直捣黄龙，直接去碰触你真正的感觉，那些会让你笑、让你哭、让你的心又痛又痒的事物。假如你的罩门是爱情，那就直接面对吧！写你过往的恋人、写你心动的那一刻、写你曾经有过的快乐、憧憬、争执、失落、心碎和痛楚，写下每一个记忆深刻的画面。当你碰触到强烈的情感，才能够体验到心灵写作的神奇能量。

　　Q 5：写作碰触到自己不愿面对的情绪，怎么办？

　　A：在课程中我总会重复叮嘱：不要害怕你的眼泪，也不要害怕你的笑声。当泪水涌上的那一刻，内心满溢着丰富的感情，不论是感谢、懊悔、遗憾、怜惜、哀悼、脆弱、愤怒或恐惧，都是你心灵里真实存在的情感，就像耍脾气的孩子一样，渴望着你看见它们、接受它们、释放它们。把那些你不愿面对的情绪一直压抑在内心深处也不是办法，还是要慢慢学会面对，你可以把它们释放到纸上，然后用一个简单的仪式跟它们道别，例如烧掉它或撕掉它，一次又一次练习，让这些负面情绪减轻和远离。如果这些情绪很严重困扰你，你没有把握面对，建议你找专业人员协助。我有一些朋友在接受心理治疗的过程中，持续搭配心灵书写，有了治疗师的陪伴，就可以勇敢书写得更深入，对疗程很有帮助喔。

Q 6：写作可以自我治疗吗？

A：这是一个很复杂的问题。我相信写作具有疗愈的力量，它可以帮助你释放情绪的压力，整理混乱的思绪，挖掘内心深处的情感，帮助你更了解自己，这些对于自己的心理健康确实有莫大的帮助。不过，如果你面对的难题比较巨大，你无法只靠自己的力量去克服和跨越，那么，最好寻找专业人员的协助。你还是可以持续书写，把写作当成亲密的好朋友，陪伴你走过艰辛的疗愈旅程。

Q 7：如何创造新的起始句？

A：起始句俯拾皆是，什么都可以写。你可以写颜色（你最喜欢的颜色、最讨厌的颜色……），写食物（榴梿、面疙瘩、糖炒栗子……），写岛屿的天气（清明时节的梅雨、台风、炎炎夏日的消暑秘方……），写你最关心或最难忘的人（家人、老师、好朋友、情敌……），写你的生日礼物、你的幸运数字、你的旅行计划、你的宠物、你的秘密、你的失望、你的愤怒、你的梦想……为了掌握一闪而逝的灵感，你可以随身带着小本子，想到写作点子就记下来，列出一串起始句清单，例如"妈妈决定要动白内障手术""我好怕看牙医""减肥是一种罪恶""谁说胖女孩不可爱""我好想去旅行""下

雨了""我好想哭"……有了这个本子，你就可以源源不断写
下去。

Q 8：如何持续写作的动力？

A：最好的方式是找到几个朋友一起写作、一起分享、
互相鼓励。可以每周一次或两周一次，相约在咖啡厅或某处公
园的树下，每个人找个舒适角落，开始写作。现在网络如此发
达，你也可以建立一个心灵写作的社团或群组，随时分享彼此
文章，互相交流回应。在这茫茫尘世中，以文会友是很特殊的
一份情谊，祝福大家都有幸得以遇见可爱的文友，一起分享写
作的美好能量。

【附录二】
延伸阅读

·《心灵写作：创造你的异想世界（30 年纪念版）》（2016），娜塔莉·戈德堡（Natalie Goldberg），心灵工坊文化。

·《狂野写作：进入书写的心灵荒原》（2007），娜塔莉·戈德堡（Natalie Goldberg），心灵工坊文化。

·《疗愈写作：启动灵性的书写秘密》（2014），娜塔莉·戈德堡（Natalie Goldberg），心灵工坊文化。

·《写，在灿烂的春天》（2016），娜塔莉·戈德堡（Natalie Goldberg），心灵工坊文化。

·《生命书写：一趟自我疗愈之旅》（2012），蔡美娟，心灵工坊文化。

·《就是爱写作》（2008），朱天衣等，时报出版社。

·《灵魂写作：接收内在智慧的指引，解决问题，改变你的生命》（2014），珍妮·康纳（Janet Conner），启示出版社。

·《创作，是心灵疗愈的旅程》（2010），茱莉亚·卡麦隆（Julia Cameron），橡树林文化出版社。

·《生而自由，写而自由：一个美国记者与南非女孩们的
心灵写作课》（2016），金柏莉·伯尔格（Kimberly Burge），
时报出版社。

·《灵性的呼唤：十位心理治疗师的追寻之路》（2017），
吕旭亚、李燕蕙等，心灵工坊文化。

·《一日浮生：十个探问生命意义的故事》（2015），欧
文·亚隆（Irvin D.Yalom），心灵工坊文化。

·《受伤的医者：心理治疗开拓者的生命故事》（2014），
林克明，心灵工坊文化。

·《故事的疗愈力量》（2012），周志建，心灵工坊文化。

·《拥抱不完美：认回自己的故事疗愈之旅》（2013），
周志建，心灵工坊文化。

·《心灵秘径：11 个生命蜕变的故事》（2009），白崇
亮、吕旭亚等，心灵工坊文化。

如果我是一只动物，那我就是一只披着绵羊外衣的狮子。长期以来，我都自以为是一只温驯胆小的绵羊。别人也很喜欢我的友善温和，我因此而自豪。我很善体人意，我习惯忍气吞声，我不会跟人冲突，事实上我根本不会吵架，碰到麻烦就躲躲迴避躲躲。我很会辟谣泊无争，只要有一片蓝天绿草就心满意足。

但我体内似乎有另一个灵魂正在甦醒，蠢蠢不安，在深深远远的角落發出低微的吼聲。我感到不滿足，不快樂，有些迷惑。我發現自己不懂得宣洩憤怒，不敢展現攻擊力，我不習慣獨斷獨行，展現叛逆的力量。我漸漸陷入群羊的認同中，把羊的微笑當作自己。人到中年，我才漸漸意識到，綿羊只是一件我喜歡的舒適外衣，它是我的一部分，卻不能代表我的全部本質。

我的內心深處還住著一隻獅子。驕傲、自大、孤獨，桀驁不馴，

渴望擺脫一切枷鎖，渴望自由，
渴望力量，渴望改變。我心叫嚷
其實沒那麼亮頭，我心四歲其實
可以大步向前，只是我把這隻
獅子藏得太深，以致於連自己都
未曾覺察到牠的存在。直到已
屆中年，這隻沈睡的獅子終於
逐漸醒來。柳天，在冥想練習時
我看到自己像一隻獅子站在高高的
懸崖上，凌亂的鬃毛隨風飛揚，
孤身一人，天地卻如此寬闊自由。

我感觉到体内有一股新生的
力量正在升起。
我喜欢锦华的柔顺，也喜欢狮
子的强悍；我喜欢友善的微笑，
也喜欢孤傲的叛逆。这两种
灵魂相见……自己。